AU PAYS

DE LA

REVANCHE

PAR LE

Dr ROMMEL

TROISIÈME ÉDITION

GENÈVE
LIBRAIRIE STAPELMOHR
24, Corraterie, 24

1886

AU PAYS

DE LA

REVANCHE

GENÈVE. — IMPRIMERIE B. SOULLIER
Rue de la Cité, 19-21

AU PAYS

DE LA

REVANCHE

PAR LE

Dr ROMMEL

GENÈVE
LIBRAIRIE STAPELMOHR
24, Corraterie, 24

1886

A M. le Dr Rommel

Vous avez bien voulu m'adresser votre livre : *Au Pays de la Revanche.*

Mon premier mouvement fut de repousser loin de moi ce réquisitoire passionné contre mon pays. Mais, rentrant en moi-même, j'ai dû reconnaître que si dans bien des cas vous avez, comme à plaisir, exagéré nos maux et nos fautes, souvent aussi vos attaques sont malheureusement trop justifiées, et, quoiqu'il m'en coûte, je veux être le premier à le reconnaître.

Toutefois, si l'orgueil national nous aveugle, n'en est-il pas de même chez vos compatriotes !

« Si l'on meurt du poison de l'infatuation natio-
« nale, il semble que la nation allemande commence
« à le prendre aussi à hautes doses. »

Ainsi s'exprime le *Temps* en parlant de votre livre. Il a raison.

A certains moments, si nous ne sommes pas complètement aveugles les uns et les autres, nous devenons un peu myopes ; pour bien voir, il nous faut une lunette, et encore sommes-nous tentés de regarder par le petit bout les défauts d'autrui, tant nous sommes heureux de les pouvoir grossir !

N'est-ce pas un peu votre cas, M. le Docteur ?

Quand la France était prospère et son prestige encore intact, il lui était facile de fermer l'oreille aux insinuations des écrivains étrangers. Confiante dans sa force, elle a eu le grand tort de ne pas s'inquiéter davantage de l'ambition envahissante de ses voisins.

Cruel fut le réveil !

Aujourd'hui sa nervosité est telle que des attaques dont elle n'aurait pas tenu compte, en des temps meilleurs, la blessent douloureusement. Est-ce une raison pour exagérer l'hostilité, plus apparente que réelle, que vous supposez exister entre les races allemande et française ?

A ce propos, qu'il me soit permis de mettre sous vos yeux la petite scène dont un de mes bons amis fut témoin, à Wörth, le 6 août 1870.

Le combat avait cessé, des deux côtés l'impôt du sang était payé. Le soir était venu ; les Allemands occupaient les positions abandonnées par nos troupes ; le moment était enfin arrivé de songer aux blessés qui n'avaient pu être secourus pendant l'action ; ils étaient conduits en grand nombre aux ambulances.

Un soldat français bien jeune encore et grièvement atteint, était transporté par deux Allemands ; chaque pas, chaque mouvement augmentait sa souffrance et cependant aucune plainte ne sortait de sa bouche. Pour le soulager un instant, les porteurs s'arrêtèrent et déposèrent leur fardeau à côté d'un des leurs qui, légèrement blessé, se pansait lui-même. Ce dernier, à la vue du pauvre enfant mutilé étendu près de lui, oublia son mal pour soulager cet *ennemi* ; il mit un genou à terre, lui souleva doucement la tête et lui donna à boire. Aucune parole ne fut échangée, du reste ils n'auraient pu se comprendre. Toutefois leurs mains se rencontrèrent, et la compassion fit ce que n'avait pu faire la douleur : une larme vint mouiller l'œil du Français.

Cet Allemand n'avait pas oublié la pitié et le respect dus aux vaincus.

Cela dit, peut-on supposer que je regrette la publication de votre livre ? Nullement, j'ose même affirmer que mes compatriotes auront intérêt à le lire et à le méditer.

Nous mériterions vos reproches excessifs, si nous ne voulions pas reconnaître que vous avez indiqué à la fois le mal et le remède.

Il est seulement fâcheux que vous ayez omis de signaler la principale cause de ce mal et la plus utile à connaître. Peut-être est-elle moins connue parce qu'elle a pour origine l'imagination, une des brillantes facultés qui forment l'apanage de notre race, et qu'il est dur de confesser que l'exagération d'une qualité en fait un défaut.

La Légende, voilà l'ennemi ! Nous la cultivons parce qu'elle flatte notre imagination et notre orgueil. Pour nous, l'histoire n'existe pas et l'expérience du passé ne saurait nous profiter, nous le connaissons mal ou point du tout.

La plupart de nos écrivains, croyant faire de l'histoire, ont écrit des romans, ils ont travaillé en vue d'une thèse à soutenir, et nous avons accepté comme parole d'évangile tout ce qu'il leur a plu de nous conter.

En voulez-vous des exemples ? Pour cela il n'est pas besoin de remonter bien loin.

D'abord nous avons la légende de 89. On nous a tant dit et redit qu'à ce moment nous avions éclairé le monde et fait luire sur l'univers les premiers rayons de la Liberté, que nous avons fini par le croire. Avant nous, à ce qu'il paraît, personne ne savait ce qu'elle pouvait être. Malheureusement nous l'avons tant prodiguée cette liberté, qu'il ne nous en était rien resté. Pour en rattraper quelques lambeaux, il nous a fallu attendre vingt-cinq années et la chute du premier empire.

Ensuite est apparue la légende des volontaires de 93 sauvant la France ; ce doit être vrai, tout le monde l'affirme !

Pour s'édifier à ce sujet, il suffit de relire, aux archives du ministère de la Guerre, la correspondance des généraux de la première république.

L'un écrit au citoyen ministre de ne plus lui envoyer de ces gens-là, ils ne sont bons qu'à jeter le désordre dans l'armée.

Un autre parle de l'organisation des bataillons de volontaires, toujours incomplets ; souvent la moitié de l'effectif manque à l'appel, chacun veut faire comme bon lui semble, les officiers n'osent rien dire, ils ont peur de leurs hommes.

Ces volontaires, est-il encore dit, ne pensent qu'au pillage, leur conduite en fait un épouvantail pour les habitants des pays occupés ; ils saisissent le moindre prétexte pour se débander et déserter avec armes et bagages, ensuite ils vendent leurs effets et demandent à se réengager dans d'autres circonscriptions !

Il est douteux, n'est-ce pas, que ces gens-là aient sauvé le pays.

Non, ce qui l'a sauvé, — il faut le dire et le répéter à satiété, — c'est l'armée régulière seule. Chez elle s'étaient conservées les traditions d'honneur et de discipline militaires, c'est elle seule qui a produit les grands généraux dont la France peut s'enorgueillir à juste titre.

Les guerres du premier empire nous ont valu la légende napoléonienne.

Par quel bizarre travail du cerveau, ce despote a-t-il pu servir de symbole au parti libéral ? Je renonce à l'expliquer, tout en constatant le fait.

Dans ma jeunesse, alors que le pays gémissait sous *la tyrannie de Louis-Philippe*, les chansons populaires que je me rappelle encore ne parlaient presque toutes que du Grand Empereur.

Ah ! si Napoléon revenait !...

Béranger s'est ingénié pour entourer d'un auréole la tête du César. Norvins publiait son roman illustré intitulé *Histoire de Napoléon*, et puis Thiers composait sa grande épopée impériale ; bien d'autres encore contribuaient à donner un corps à cette légende, légende qui nous a valu : Napoléon III, l'invasion allemande et le démembrement de la France.

Ensuite, on vit surgir la légende de la Garde Nationale, l'armée citoyennne qui n'a jamais servi qu'à renverser le gouvernement qu'elle devait protéger.

Nul n'aurait osé toucher à cette institution regardée comme le Palladium de nos libertés. Qu'était-elle cependant, sinon un élément de désordre ? Non pas qu'ils fussent bien méchants, ces boutiquiers déguisés ; seulement, frondeurs de nature, ils aimaient à donner une leçon au pouvoir sans tirer de coups de fusil (c'est dangereux), mais en criant ou ne criant pas : Vive ceci ! Vive cela ! et en paralysant l'armée régulière. Si, par hasard, ils avaient suivi la troupe d'un peu loin : Oh ! alors, l'enthousiasme débordait, ils étaient déclarés sauveurs de la patrie, on portait leur courage aux nues, on louait leur *attitude*, et comme en France nous sommes tous un peu de Tarascon, ils s'admiraient eux-mêmes dans leur héroïsme.

N'oublions pas la légende de nos soldats et généraux d'Afrique. Longtemps nous avons répété et nous sommes imaginés qu'ils étaient les premiers du monde. Le soldat, il faut le reconnaître, y a fait preuve d'une bravoure et d'une patience admirables, mais là aussi la discipline n'a pas tardé à se relâcher. Chaque année, le laisser-aller augmentait. Le type du bon soldat consistait alors à être débraillé, gouailleur, chopardeur... Ce fut un grand malheur, nous le comprîmes trop tard.

Les officiers, passé le grade de colonel, n'apprenaient plus rien ; soldats intrépides, fiers à juste titre de leurs brillants exploits, ils croyaient avoir tout fait en payant de leur personne et en faisant bon marché de leur vie. Plus tard, en face des armées allemandes, en présence de cette organisation savante, ces mêmes hommes se montrèrent au-dessous de ce que leur pays était en droit d'attendre. Comme nous, ils s'étaient trompés. Ils croyaient avoir appris la stratégie alors qu'ils ne connaissaient que la « tirerie. » Nous payâmes cher nos illusions !

Voilà comment se forment les légendes, et nous ne sommes pas près d'en perdre le goût ; ainsi le mois passé, à propos de l'anniversaire de la bataille de Bapaume, n'a-t-on pas commencé à en cultiver une nouvelle! Ne célèbre-t-on pas chez nous cet engagement comme une victoire ! Il est vrai que, suivant le terme consacré, nos troupes, à la fin de la journée, ont conservé leurs positions ; mais, en fait, l'attaque du général Faidherbe avait échoué, il n'avait pu forcer les Allemands à battre en retraite, et le soir même du combat ces derniers occupaient Bapaume. Cependant les pertes étaient égales des deux côtés, mais beaucoup plus sensibles pour les Allemands dont l'effectif était sensiblement inférieur au nôtre.

Or, le lendemain, de grand matin, toute l'armée française battit en retraite, suivie de près par l'ennemi. Après une victoire, il ne semble pas que cela doive se passer tout à fait ainsi.

Le général Faidherbe, dont l'énergie et la capacité ne pouvaient être mises en doute, estimait qu'avec une armée pareillement composée, un retour offensif n'avait aucune chance de succès. Pendant l'action, les mobiles du général Robin s'étaient *repliés en masse !*

Si le général en chef ne pouvait avoir grande confiance dans les mobiles, les Allemands, de leur côté, les tenaient en médiocre estime. Pendant la retraite, le 8e cuirassiers allemand, croyant avoir affaire à des mobiles, chargea imprudement le 20e chasseurs de marche. Il fut reçu de la bonne manière et paya cher sa méprise: un escadron entier fut détruit.

En voilà assez sur cette affaire de Bapaume. Si je suis entré dans quelques détails, c'est pour montrer une fois de plus que les soldats ne s'improvisent pas. A tout métier il faut un apprentissage. Pourquoi avons-nous demandé à l'ouvrier, au commis, au négociant de faire un bon soldat ? Simplement parce que nous lui mettions une vareuse sur le dos et un chassepot entre les mains ! Nous avons enfin appris ce que valent ces mobilisations de la dernière heure. A quoi peut servir aujourd'hui la levée en masse de toute la population courant aux armes pour repousser l'invasion ? A rien ! On ne fait pas la guerre avec des hommes armés, mais avec des *soldats*.

Depuis longtemps on travaille à notre réorganisation militaire; il est fâcheux qu'elle ne soit pas plus avancée. Mais quels résultats obtenir avec les perpétuels et déplorables changements de ministères !

Il est urgent que les républicains s'appliquent à résoudre les questions qui les unissent sans rechercher avec tant d'âpreté celles qui les divisent. Encore faudra-t-il les étudier pour elles-mêmes et non pour la popularité, et devra-t-on travailler pour le bien du pays et non pour les applaudissements de la galerie.

En terminant, je rappellerai ce mot d'un grand patriote : « Si quelqu'un vous dit que sans le travail, « l'économie et la persévérance on peut arriver à

« se créer une position, ne l'écoutez pas, c'est un « menteur, un empoisonneur, chassez-le loin de « vous. »

Je dirai à mes compatriotes : Jugez ceux qui vous flattent, ne prêtez pas l'oreille à ceux qui vous parlent sans cesse de vos droits, jamais de vos devoirs et qui portent la grande nation aux nues ; ces gens-là vous aveuglent, ce sont des menteurs et des empoisonneurs, chassez-les loin de vous.

J'espère, Monsieur, que vous voudrez bien publier cette lettre, selon votre promesse.

Paris, le 1er mars 1886.

EMILE D.

J'accède volontiers à la demande de mon correspondant, mais, en insérant cette lettre, je fais toutes mes réserves sur les causes qui ont diminué la puissance de la France.

Dr R.

AU PAYS

DE LA

REVANCHE

I

Prestige de la France avant la guerre. — Explosion de patriotisme après 1870. — Idées de revanche. — Nos inquiétudes. — Symptômes du déclin général — Immigration des étrangers. — Crise ou décadence?

En Allemagne nous parlons souvent de la France. Nous en parlions avec effroi lorsque nos voisins, faisant preuve d'une vitalité extraordinaire, inondaient l'Europe de leurs idées, leurs produits et leurs soldats. Vous rappelez-vous avec quelle anxiété nous écoutions le discours qu'il plaisait à Napoléon de prononcer au 1er de l'an? Même après 1870 nous parlions de la France avec inquiétude quand l'air retentissait de ses cris de vengeance et de revanches. Revanches de toutes espèces : militaire, commerciale, agricole, industrielle, financière, morale, toutes les revanches. L'Allemagne allait étouffer sous son armure de fer, la France porterait la sienne avec aisance et facilité. On nous ferait demander grâce, sinon par les armes, du moins par l'épuisement, par l'éclatante supériorité du commerce et des finances françaises. Chez nous on se regardait peu rassuré. Le Chancelier-de-fer crut un instant ne pas avoir taillé assez profondément et voulait recommencer. C'était inutile. La France se relevait dans un accès de fièvre, maintenant toute fièvre a bien disparu ; avec elle l'enthousiasme, l'énergie, les illusions.

Chaque année les clameurs françaises ont été s'affaiblissant ; aujourd'hui c'est à peine si de temps en temps un misérable pétard chauvin éclate encore, salué par les risées des Français eux-mêmes. Qu'il est démodé ce mot de *revanche*, jadis dans toutes les bouches, et le fameux cri : à Berlin !..... Tellement l'idée d'une invasion française parait extravagante aux plus légers de tous.

Hélas oui ! ils se sont envolés au pays des chimères ces beaux rêves d'une entrée à Berlin, et de notre écrasement. Qui en parle ou y pense sans en rire doucement ? Quel chemin ont parcouru les deux nations depuis 15 ans et dans quel sens différent ! Quel gigantesque déplacement de la pression européenne !

Tandis que la masse de la population allemande s'accroit dans des proportions menaçantes, la France semble avoir perdu l'énergie nécessaire à la production humaine et ne s'alimente guère que d'infiltrations d'étrangers par une transfusion du sang perpétuelle.

Tandis que nulle part les Français ne dépassent la frontière, que nulle part ils « n'absorbent », de tous côtés les étrangers débordent ; au nord, les Belges ; à l'est, les Allemands ; les Suisses un peu partout ; les Italiens au sud. Si les Pyrénées séparent bien Français et Espagnols, c'est que la force de reproduction et d'absorption est aussi faible chez les uns et les autres.

Les produits du monde entier se précipitent aujourd'hui sur le pays qui jadis vendait à tous.

Si l'agriculture et l'industrie françaises résistent encore au courant des importations, c'est grâce à une protection à outrance, qui fait de la France une place assiégée. Les débouchés de son industrie se ferment l'un après l'autre, tandis que la concurrence étrangère lui livre sur ses propres marchés des assauts furieux, et on voit l'article de Paris arriver à Paris de Berlin et de Vienne. La masse de tout ce qui pénètre en France augmente sans cesse, tout ce qui nous en vient diminue : hommes, produits, idées. La décadence attire.

La force d'expansion, la force de résistance, le *ressort* de la grande nation semble brisé.

La démoralisation s'est emparée de toutes les classes : le paysan court à la ville, l'ouvrier battu par l'étranger se réfugie dans les salles d'agitation, la bourgeoisie émigre de partout dans les bureaux, les administrations, et l'étranger émigre en France.

L'entassement de la population dans les villes, l'assaut de toutes les occupations sédentaires et faciles, la plaie du fonctionnarisme, d'une part, du prolétarisme de l'autre, la défiance de soi-même, la paralysie de toute initiative individuelle, la seule confiance dans l'Etat, voilà des signes non équivoques de l'affaissement moral.

Jamais n'a été si grande cette insouciance religieuse, qui précède la tempête, jamais si grand le mépris pour l'opinion d'autrui et la haine de tout principe d'autorité religieuse, militaire ou civile. Et ces trois principes, qui les personnifie ? C'est un clergé à demi-solde, tyrannisé, voué au mépris public, une armée sans cesse attaquée dans la personne de ses chefs, une magistrature amoindrie, devenue comme tout le reste le jouet d'une politique mesquine.

Au Parlement ne cherchez ni politique nationale, ni même politique de parti, vous n'y trouverez que de misérables chicanes de *groupes*, politique de pièces et de morceaux, d'intérêts personnels, de programmes électoraux...

La dignité semble bannie de toutes assemblées, depuis les simples réunions publiques, jusqu'à l'Assemblée municipale de Paris, jusqu'au Parlement; tant il est difficile à un Français d'exposer ses idées décemment, d'écouter décemment celles des autres.

Quelle presse !

Quelle littérature !

Le relâchement de la morale est encouragé par un relâchement extraordinaire de la répression. Les verdicts de jurys font trembler les honnêtes gens.

Les finances sont livrées au pillage par les élus de la nation. Tandis que le budget croît sans cesse et atteint des hauteurs inconnues dans l'histoire du monde, les revenus commencent à fléchir et, trop faible pour réduire les dépenses, on se trouve sans autre ressource que de nouvelles dettes en présence des déficits grossissants.

Les haines de parti et leurs ambitions s'élèvent bien au-dessus du drapeau tricolore, à côté duquel on en voit déjà flotter un autre.

Le prestige politique a suivi le prestige commercial. Peu à peu la solitude s'est faite autour de cette nation tapageuse ; sa position est toujours plus isolée, plus exposée aux humiliations. A l'avenir la tempête ne soufflera plus de Paris mais sur Paris.

La France a lâché pied sur toute la ligne ; tout craque en elle, tout s'affaisse, et maintenant nous pouvons en parler sans crainte et sans colère, mais avec cette pitié respectueuse que l'on doit à une grande nation qui décline.

Le malade se sentant toujours plus faible a dû renvoyer à des jours meilleurs les revanches militaire, commerciale, morale et autres. Economistes, moralistes, financiers, industriels, spécialistes de toutes espèces sont venus lui tâter le pouls. Il s'est tenu nombre de consultations de médecins au Sénat, à la Chambre, à la Société d'Economie politique, de Statistique, à l'Institut, aux Conseils généraux et municipaux, dans les réunions publiques. Chacun a dit son mot et dicté l'ordonnance qui sauverait le patient.

Le sauverait, permettez-nous d'en douter. L'huile commence à manquer dans la lampe de la France, toutes les réformes, tous les décrets du monde ne donneront pas au pays la sève nouvelle dont il aurait besoin.

Il en est des nations comme des hommes, elles ne sont pas faites pour vivre éternellement, pour rester éternellement jeunes et vigoureuses ; or, la France n'est évidemment plus jeune ; elle n'a plus le courage de pousser la charrue, de trafiquer au loin, de faire des enfants. Il lui faut le coin du feu et ses aises; tout au plus est-elle bonne pour quelques occupations sédentaires. Aujourd'hui, de partout il faut lui expédier de quoi se nourrir et se vêtir ; elle ne peut rien se refuser et s'endette. La France a le scepticisme et l'intolérance des vieillards, elle a perdu ses illusions du jeune âge et la foi dans l'avenir; ne tolère ni ordre ni conseil, enfin elle doit faire place aux jeunes qui se multiplient et ne redoutent pas le travail et les privations.

Qu'elle entende au moins parler de sa décadence sans s'effaroucher.

Cette décadence est rendue plus remarquable encore par un redoublement d'énergie chez tous les peuples voisins, les Espagnols exceptés. L'Allemagne, l'Angleterre, l'Italie, la Suisse, la Belgique, tout s'élève à mesure que la France s'amoindrit.

Pourquoi tant hésiter à parler de décadence? Quel symptôme attendez-vous encore? Vous faut-il une forêt sauvage sur la place de la Concorde?

Jamais la France ne sera à louer. Ce beau territoire n'a pas été créé et mis au monde pour loger la race française, mais pour porter en 1890 tant d'habitants par kilomètre carré; en 1900 tant; en 1910 tant, suivant les ressources du pays, et le plus grand général du monde ne saurait empêcher que si la nation n'est pas en état de remplir ses kilomètres carrés de la manière prescrite par la loi naturelle, ils seront remplis par des étrangers. Il faudra, bon gré mal gré, se serrer les coudes et se laisser absorber.

Que les infiltrations d'étrangers et de leurs produits suffisent à maintenir l'équilibre de la pression européenne, c'est chose douteuse; croyons plutôt qu'à des intervalles plus ou moins rapprochés, des avalanches semblables à celles de 1870 viendront hâter le travail qui s'opère au sein de la grande nation.

Tel a été le prestige de la France, que même en Allemagne elle nous en impose encore : couverte de ses anciennes médailles militaires, industrielles, artistiques. La renommée d'une vieille maison de commerce ne s'éteint pas du jour au lendemain. Ce pays vit sur un vieux fonds de crédit. Il est malade, nul ne l'ignore, mais beaucoup ne sauraient dire s'il faut le traiter pour le rhume ou la phthisie; voilà ce que nous nous proposons d'étudier, nous interdisant de la manière la plus formelle de jamais puiser à d'autres sources qu'à des sources françaises, de telle sorte que notre exposition puisse s'intituler : « La France jugée par elle-même. »

II

La question agricole : Elle n'est pas amusante. — Echanges agricoles en 1875 et 1883. — L'agriculture et les gratte-papier. — Le paysan d'aujourd'hui, son appétit croissant. — Blé, vigne, bestiaux. — Déboisements. Emigration des populations agricoles vers les villes. Immigration des étrangers. — Avenir des agriculteurs allemands en France. — Poids écrasant des impôts. — De la protection dans un vieux pays. — Retrait des capitaux. — Encouragements platoniques du gouvernement. — Utilité du ministère de l'agriculture : Décoration du mérite agricole. — Pulvérisation du sol, ses conséquences. — Ignorance curieuse du paysan français : La lumière vient de l'est.

Examinons d'abord les moyens d'existence de notre malade: l'agriculture et l'industrie.

En France *il faut* que l'agriculture passe avant tout. De son état dépend celui de l'industrie et la cote du crédit français. La décadence n'a jamais surpris un peuple en train de pousser la charrue.

Malheureusement, cette question de l'agriculture n'est peut-être pas très amusante pour un Français, un Parisien. Ce n'est pas *drôle*. En parcourant les journaux on ne s'aperçoit guère qu'au milieu de tant de *questions* c'est la question vitale en France.

Allez assister aux deux ou trois séances que la Chambre consacre chaque année, par acquit de conscience, aux *interpellations* variées sur les souffrances de l'agriculture nationale. Vous serez assis à votre aise dans une salle aux trois quarts vide, et l'avocat, l'artiste ou le médecin qui vont discourir à tort et à travers sur la betterave et les engrais ne courent aucun risque d'être interrompus, sinon par le bruit des conversations particulières.

C'est que, encore une fois, l'agriculture n'est ni drôle ni passionnante. Elle ne donne pas lieu à des scènes dans le Parlement, à du vacarme, à des insultes et des phrases ronflantes, à des rappels à l'ordre, et son importance capitale pour l'avenir du pays ne suffit pas à éveiller l'intérêt des gouvernants et du public. Le moindre scandale ferait bien mieux leur affaire. Mais l'Allemand, lui, doit se dire, avec Térence: « *nihil gallicum a me alienum puto* » et avaler quelques chiffres nécessaires à bien juger la situation lamentable de nos voisins.

En voici un certain nombre, vraiment extraordinaires mais garantis bon teint, qui permettent de comparer à cinq années de distance le mouvement agricole en France, en 1875 et 1883. Depuis 1875 le déclin est constant [1].

[1] L'apparition du choléra pouvant servir à expliquer les résultats si défavorables de l'année dernière, nous avons cru préférable de remonter à 1883, année normale. La statistique de l'année 1885 est encore moins satisfaisante. (Consultez le *Journal Officiel*)

Exportations

		1883		1875
Graines et farines	Fr.	98,576,000	Fr.	243,145,000
Légumes et fruits	»	50,263,000	»	59,909,000
Liqueurs et esprits	»	72,633,000	»	79,491,000
Sucre	»	116,875,000	»	205,135,000
Bestiaux et viandes	»	46,459,000	»	60,257,000
Graisses, fromages, beurre, œufs	»	159,615,000	»	159,752,000
Vins	»	240,854,000	»	247,481,000
Divers	»	114,204,000	»	92,446,000
	Total Fr.	899,279,000	Fr.	1,147,616,000

Importations

		1883		1875
Céréales, graines, farines	Fr.	445,544,000	Fr.	146,926,000
Riz	»	45,014,000	»	16,258,000
Fruits	»	72,207,000	»	33,010,000
Vins	»	372,684,000	»	13,795,000
Sucre	»	115,286,000	»	111,071,000
Café	»	91,463,000	»	105,149,000
Bestiaux et viandes	»	218,068,000	»	129,485,000
Fromages, beurre, graisses	»	101,307,000	»	51,694,000
Divers	»	343,545,000	»	253,359,000
	Total Fr.	1,815,118,000	Fr.	860,747,000

Pourquoi la crise agricole est-elle plus aiguë en France que partout ailleurs, malgré les ressources exceptionnelles du sol et du pays? Il y a pour cela nombre d'excellentes raisons.

Il est moins pénible de fabriquer du sucre de betterave en ville que de cultiver des betteraves à la campagne; moins pénible encore de vendre ce sucre derrière un comptoir, moins pénible encore de transcrire dans un bureau les écritures relatives à cette vente. Il faut moins d'énergie enfin pour se chauffer les pieds au service de l'Etat, lire son journal et toucher à la fin du mois des appointements que paient les taxes prélevées sur la fabrication du sucre. Voilà tout d'abord ce qui explique un peu la situation agricole, industrielle et financière de la France. Voilà pourquoi le paysan émigre du champ dans l'atelier qui déborde, pourquoi la bourgeoisie émigre dans la boutique et de la boutique dans le bureau qui seul fleurit, grandit et dévore le reste.

Sans doute, nombre d'autres circonstances contribuent au déclin rapide de l'agriculture française, tels que: la lourdeur des impôts, le retrait des capitaux, le despotisme de la routine, etc., mais avant tout, constatons toute la gravité de ce fait que la population se lasse de la culture du sol, et quand un peuple abandonne la charrue, rien ne saurait l'y ramener.

Seul le sol de la France est resté le même, le paysan qui exploite sa merveilleuse fertilité diffère singulièrement des générations précédentes. C'est toujours le vieux fonds de commerce, mais entre quelles mains!

Les idées, la manière de vivre des populations rurales, ont changé du tout au tout. Le paysan de 1830 demandait au sol son manger, son boire et une bonne partie de son vêtement. Il ne connaissait ni boulanger, ni boucher, ni tailleur, ni cordonnier de village, vendait le meilleur de ses récoltes, consommait le rebut. Sucre, viande, pain blanc étaient réservés aux jours de maladie ou de fêtes. Courbé sur le sol depuis le lever jusqu'au coucher du soleil, il trouvait encore le courage de faire chez lui, pour sa famille, le métier de boulanger, boucher, menuisier, etc., tandis que sa femme, aux champs et à la maison, l'assistait dans tous ses travaux avec un véritable héroïsme.

C'est par une vie de privations et de labeurs que le paysan d'il y a deux ou trois générations, élevé au rang de propriétaire par la révolution de 1789, s'est assuré les ressources que ses petits enfants n'augmentent ni ne conservent, et a donné à la France des richesses péniblement acquises qui, pompées par le fisc des moindres hameaux, retombent en pluie bienfaisante sur les bataillons de grattepapier et de rentiers.

Peu à peu le paysan a fait connaissance de ce premier parasite qui s'appelle le boutiquier de village, vivant de la différence entre le prix qu'on lui paie et la valeur de l'objet vendu sans intermédiaire. De sabots, on n'en voit plus guère, ils ont fait place aux souliers de cuir, le pain noir est remplacé par un pain de qualité supérieure au pain de munition. Allez offrir du pain bis aux valets de ferme, vous serez bien accueilli! Elles s'en vont, les petites industries domestiques. On ne répare plus ses outils soi-même, on va chez le boutiquier.

Ces détails passent inaperçus, il faudrait néanmoins se représenter les modifications profondes qu'ils apportent au bilan d'une grande nation. La nécessité de donner du pain blanc, du sucre et de la viande à 18 millions d'agriculteurs coûte à la France un certain nombre de centaines de millions par an, qui passaient autrefois dans ses réserves et remplissent aujourd'hui la poche des étrangers qui s'en font du bien.

De 1821 à 1830, la différence entre les importations de blé s'élevait à 260,060 quintaux métriques. De 1871 à 1880 elle est montée à 7,800,730 quintaux, soit *trente fois autant*.

De 1821 à 1830, la moyenne de froment consommée en France par tête et par an, sans distinction d'âge et de sexe, a été de kilog. 118,5; pendant la période de 1870 à 1880, cette moyenne est montée à kilog. 193, ce qui accuse une augmentation incroyable de *63* %. Elle provient de la substitution par le paysan du pain de froment au pain de seigle.

L'insuffisance du bétail est démontrée par les importations croissantes et le déclin des exportations.

Et la vigne! Qu'elles sont lentes, ces populations du Midi, à réparer les ravages du phylloxéra, qui réduit de 350 à 400 millions les revenus annuels de la France! Que d'années perdues en vains gémissements! Quelle ignorance! Quel manque d'énergie et d'initiative! Des arrondissements entiers attendent depuis huit ans qu'une bonne fée vienne arracher les vignes improductives et planter les ceps américains. Aussi qu'arrive-t-il? L'année dernière (1885) les rendements sont inférieurs de 13,672,903 hectolitres aux résultats obtenus pendant la *moyenne des dix dernières années* [1].

[1] La diminution porte sur 42 départements.

Et les forêts !

En 1795, l'Etat en possédait 2,592,706 hectares.
» 1820, » 1,214,506 »
» 1830, » 1,123,832 »

Ce chiffre se trouve aujourd'hui réduit à 967,120 hectares. En voici les conséquences :

De 22 millions en 1830, les importations de bois s'élèvent aujourd'hui à 278 millions de francs.

En 1865, l'Allemagne vendait à la France Fr. 13 millions de bois et aujourd'hui Fr. 36 millions; tandis que nous en achetons à la France pour deux millions seulement.

La vie du paysan, toujours plus confortable, parait encore trop dure aux habitants des campagnes, dont l'émigration vers les centres manufacturiers prend des proportions menaçantes. C'est que, disions-nous, manipuler à l'atelier des matières premières dans une ville qui offre toutes les ressources de la civilisation est moins pénible que de les arracher au sol dans la solitude de la pleine campagne. Cette population agricole qui aura une fois franchi les murs de la ville ne reverra jamais le village. Chômage, maladies, misère, rien ne pourra l'arracher à la rue et la ramener vers les champs.

La première conséquence de l'émigration, c'est l'élévation constante et rapide des salaires agricoles et la tendance à l'avilissement de la main-d'œuvre dans les villes, au chômage. L'agriculture succombe faute de bras, la faim détruit l'ouvrier sans ouvrage. Equilibre admirable ! Le courant du peuple se porte tout naturellement vers les salles de festin budgétaire, c'est-à-dire vers les grandes cités.

Le produit des impôts se mange dans les villes en général, à Paris en particulier. Les grands travaux que fait entreprendre le gouvernement dans les villes, y aspirent les agriculteurs et les étrangers. Le festin budgétaire une fois terminé, c'est-à-dire quand il ne reste plus rien à grignoter, que le trésor est vide, que tout a été gaspillé, les convives n'ont garde de retourner planter leurs choux; ils montrent le poing au gouvernement et réclament de nouveaux morceaux; finalement ils jettent par terre les organisateurs de la fête, à savoir : Sénat, Chambre et Ministère. Tel semble devoir être l'histoire résumée de la France moderne.

Le *Journal des Economistes* nous dit : « On ne « compte plus les terres en friche et les propriétés « délaissées. Dans un seul arrondissement de l'Aisne, 167 propriétés ne sont plus cultivées par le « fermier et ne sont pas reprises par le propriétaire; « dans un autre arrondissement de l'Aisne, 123 fer- « mes se trouvent dans le même cas. Dans dix dé- « partements, au nord et nord-est, les fermiers dé- « couragés abandonnent la culture. Depuis quelques « mois la crise a gagné les environs de Paris; aucun « fermier ne s'est offert pour les fermes de Mégri- « mont, de Sailly, deux fermes de Linville, pour les « fermes de Romainville, de Montanié, de la Mara- « che, de Bantelu, de Bréral et de Beaurepaire. » Pendant ce temps, les ouvriers empilés dans les villes demandent l'aumône au gouvernement d'une voix menaçante.

Cet état de choses devrait intéresser davantage la classe agricole en Allemagne. Certes notre émigration dans les villes de la France a donné des résultats satisfaisants, dont nous parlerons plus loin ; mais notre émigrant ne s'adresse qu'à l'industrie et au commerce, alors que l'agriculture lui tend les bras.

De 1825 à 1880, le chiffre de la population agricole a diminué de 4,302,336 âmes. Depuis 1881, la désertion des campagnes a pris toutes les proportions d'une débâcle.

Les Flamands, les Belges, plus avisés que nous, s'adonnent à l'agriculture en Picardie et dans les départements qui avoisinent la frontière. Ne nous laissons pas devancer.

De 1853 à 1881, dans plusieurs départements, le prix de la propriété foncière a baissé de 20 à 60 %; ce sont par exemple : la Haute-Marne, la Drôme, le Gard, les Hautes-Alpes, l'Ardèche, etc. Cette baisse s'est encore accentuée dernièrement et il n'y a pas d'acheteurs. Le prix des baux est également en décroissance et l'on ne trouve pas de fermiers.

La faiblesse de la reproduction dans les campagnes rend l'émigration plus sensible encore; l'agriculture manque de bras.

L'agriculture manque de bras ! crie-t-on de tous côtés. Allons ! les hommes de bonne volonté, allons ! ouvriers sans travail qui prétendez mourir de faim et passez votre temps à humilier la France et le bon sens, répondez à cet appel. Personne ne dit mot.

Dans trois ou quatre cents ans, quelle langue parleront-ils, les agriculteurs de la France ?

Nous avons représenté le paysan comme un homme dont avec l'âge le besoin de confort augmente, l'énergie diminue. N'abusons pas de la critique. S'il a beaucoup péché, il lui sera beaucoup pardonné, car il aura beaucoup souffert, et voici comment :

M. de La Palice a dit : « Lorsque les dépenses d'un Etat augmentent sans cesse et que ses revenus ne suivent pas la même progression, un déficit finit par s'établir, et si l'on veut joindre les deux bouts dans ce malheureux pays, il faut diminuer les dépenses ou augmenter les impôts. » La France n'adoptant pas le premier parti a dû se résoudre au second. Or, de toutes les classes de la nation, c'est le paysan qui en a le plus gros paquet à porter.

La Société des agriculteurs français, dans sa session du 29 janvier au 6 février 1883, nous apprend qu'il paie la taxe même sur les terres incultes ou non louées. Tandis que la plupart des industries sont protégées par la douane, l'agriculteur l'est peu ou point, et par suite, doit vendre relativement bon marché et acheter fort cher les produits manufacturés dont il a besoin.

De l'agriculteur on exprime les $^3/_4$ des prestations. La propriété agricole est atteinte directement par l'impôt foncier, l'impôt des portes et fenêtres, la taxe des biens de mainmorte, la contribution personnelle et mobilière, les prestations en nature et droits d'enregistrement et de timbre.

M. Estancelin estime à Fr. 1,017 les impôts directs qui frappent une ferme de 100 hectares, soit :

Impôt foncier .	Fr.	735
Mobilier . . .	»	80
Prestations . .	»	180
Chevaux . . .	»	10
Voitures . . .	»	12
	Fr.	1,017

M. Léon Say écrit [1] :

« Le montant des trois premières contributions « directes figurait au budget de 1860 pour 391 mil- « lions ; il figure au budget de 1884 pour 559 mil- « lions. Ces contributions dont souffre la propriété « immobilière seule vont en augmentant, grâce aux « centimes additionnels », et cependant, écrit M. Paul « Leroy-Beaulieu [2] : « on ne court guère de risque « d'erreur en disant que toutes les terres du pays « donnent un revenu moindre qu'il y a 15 ans. Dans « toute la riche région qui est formée par les dépar- « tements du Nord, de la Picardie et de la Norman- « die, il est très fréquent de rencontrer des fermes « dont le loyer a baissé de $^1/_3$ depuis 15 ans..... Il en « est de même dans la région de l'Est, dans les Ar- « dennes par exemple, et le phylloxéra dans le Midi « a amené une ruine encore plus complète. »

De plus, l'agriculteur doit, bien entendu, payer de lourds impôts directs ; ajoutons enfin que le prix de la main-d'œuvre a doublé depuis 60 ans ; et vous lui demandez de lutter contre le grand fermier américain ou australien !

Tous les jours vous apprenez que le Comité agri-

[1] *Journal des Débats*, 27 février 1884.

[2] *Journal des Economistes*, 1er mars 1884.

cole de tel ou tel département vient d'adresser ses récriminations à M. Ferry ou M. Méline (on est en train de renverser ces Messieurs pendant que nous écrivons[1], et leur demande *de mettre fin à la crise (!)*.

En France, on s'imagine volontiers que l'Etat, cette divinité commode aux gens sans énergie, tient dans une pharmacie portative quelques poudres revalescière qui vous coupent une crise agricole, industrielle ou financière dans les 24 heures.

Les agriculteurs réclament une protection farouche. Elle leur ferait, il est vrai, entrer de l'argent dans la poche, aux dépens des autres classes de la nation; mais ces dernières étant obligées, par cela même, de fabriquer plus cher et de moins consommer, il en résulte que le fermier perdrait, sinon la totalité, du moins une bonne partie de son gain tout en participant aux souffrances du pays en général.

La ligue des anti-protectionnistes a publié dans le *Journal des Economistes* une sorte de programme, dont voici un extrait :

« La France consomme annuellement 100 millions « d'hectolitres de froment, 130 millions d'hectolitres « de grains inférieurs et 1,300 millions de kilogram- « mes de viande. En prenant la moyenne des droits « réclamés au nom des intérêts prétendus de l'agri- « culture, on trouve qu'ils renchériraient les néces- « sités de la vie de plus d'un milliard par an. Les « consommateurs seraient-ils bien en état de payer

[1] C'est fait. M. Méline est remplacé par un M. Gomot *.

* Nous apprenons à l'instant que ce dernier vient de l'être par un M. Develle.

« cet énorme impôt ajouté à tous les autres ? Ne se « trouveraient-ils pas de nouveau réduits, pour le « grand nombre, à se contenter des grains inférieurs, « comme au temps de l'échelle mobile, et à exclure « la viande de leur régime alimentaire.....

« Nous ne pouvons conserver et accroître notre « clientèle à l'étranger qu'à la condition de lui four- « nir nos tissus de soie, de laine et de coton, nos « articles de Paris, nos machines, notre quincaille- « rie, à aussi bon marché que nos concurrents an- « glais, allemands, belges, suisses, italiens. Mais, à « son tour, cette question du bon marché se résout « en une question de prix de revient.... quoique nous « soyons plus chargés d'impôts, nous avons réussi, « jusqu'à ces derniers temps, à soutenir honorable- « ment notre rang sur les marchés de la concur- « rence. Nous commençons toutefois à fléchir sous « le poids de nos charges croissantes et nos expor- « tations vont en déclinant. Nous avons perdu plus « de 300 millions à l'exportation depuis 1845, et dans « les neuf premiers mois de cette année, la diminu- « tion a été de 113 millions, en comparaison de « l'année dernière ; que sera-ce donc quand aux im- « pôts que nous payons à l'Etat et qui menacent de « s'accroître au lieu de diminuer, aux tributs que « nous fournissons aux propriétaires de houillères, « aux maîtres de forges, aux filateurs de coton et à « tant d'autres sous forme de droits protecteurs, « aux fabricants de sucre et aux armateurs sous « forme de primes, il nous faudra ajouter un mil- « liard de subvention à la propriété foncière. Ne « succomberons-nous pas sous le faix ? Que devien-

« dront alors les millions de Français qui vivent du « débouché étranger ? »

La protection présente certains avantages dans un pays neuf qui, ne possédant pas encore le matériel et les ressources nécessaires à lutter contre les anciennes nations, veut permettre à l'agriculture et à l'industrie nationales de germer à couvert et les forcer à se développer. Exemple: les Etats-Unis. Mais c'est un bien vilain signe chez une vieille nation, qui devrait connaître tous les raffinements du métier, d'en être réduite à se protéger sur toute la ligne. Qui dit protection, dit faiblesse. C'est le véritable symptôme de l'impuissance finale. C'est dire: nous nous sentons trop faibles pour nous battre en rase campagne, retirons-nous derrière nos fortifications; c'est vouloir se condamner au rôle d'assiégés, et l'histoire nous apprend que les places fortes finissent toujours par succomber.

Mais avant tout il y a quelque chose de répugnant, de rétrograde, d'anti-libéral dans l'idée que l'on ferme ses portes au pain et à la viande à bas prix, en raison de leur bon marché même, pour permettre aux assiégés de vendre cher; que l'on exclut tout un peuple des bénéfices de la découverte et de l'exploitation du nouveau monde.

De plus, les mesures protectionnistes peuvent amener de terribles représailles, et la Chambre des députés, en interdisant, par exemple, l'importation des viandes salées d'Amérique, en décrétant la taxe sur les grains, s'est attirée les violentes récriminations des Américains et Autrichiens, pleines d'arrière-pensées.

Écrasés d'impôts, les agriculteurs se voient abandonnés des capitalistes et privés de tout crédit.

Le Sénat s'est cru très malin en refusant de modifier le texte du Code civil qui interdit d'emprunter contre garantie de moissons encore sur pied.

Deux ou trois licenciés en droit ont fait tous les frais de la discussion. Nous aimons à croire que dans un moment de danger le Parlement français donnerait toutes les preuves désirables de patriotisme, mais le côté faible des deux assemblées, c'est le côté intellectuel. Les connaissances pratiques y sont rares, le nombre des idées claires limité, et cependant, un Parlement intelligent est chose bien nécessaire.

Voilà donc notre pauvre agriculteur privé de crédit de par le Code civil, cet immense éteignoir. D'autre part, la bourgeoisie lui a retiré ses capitaux. Cette classe de la société se désintéresse de plus en plus de ce qui touche à la terre, et en fait elle a raison, la bourgeoisie! Pourquoi se donner tant de mal à faire rapporter au sol de 2 à 2 ½ %, souvent rien et s'exposer à perdre graduellement son capital ?

La *République française* écrit : « Il n'y a presque « plus de fermiers riches apportant un capital d'ex- « ploitation suffisant. Sans ce capital d'exploitation, « le capital terre demeure stérile... On nous citait « récemment, dans l'Aisne, des champs transformés « à grands frais en prairies, qui n'ont pu se louer « qu'à des prix dérisoires, parce que dans la com- « munauté il n'y a pas un seul cultivateur en état « d'acheter du bétail. »

Elle a raison, cette bourgeoisie qui jette son argent

dans le gouffre de l'Etat; il lui en donne 4 $1/2$ % net sans qu'elle ait à s'en occuper et donnera de plus en plus, à mesure que son crédit déclinant fera baisser le cours de la rente.

L'institution du Crédit foncier agricole est chez nos voisins à l'état embryonnaire, l'agriculteur vit au jour le jour, sans avances, sans ressources. Les bras lui manquent, la main-d'œuvre est hors de prix, les impôts l'écrasent. C'est dans ces conditions qu'il doit combattre l'importation d'Amérique et d'Australie. Agriculteurs français, il vous sera décidement beaucoup pardonné!

Le pauvre homme des champs aux abois réclame des dégrèvements à cor et à cri. Des encouragements tant que vous voudrez, chers amis, mais pas de dégrèvements, bien au contraire.

Ne faut-il pas des centaines de millions au Tonkin pour ouvrir de nouveaux débouchés aux 317 Français qui émigrent annuellement et ne peuvent trouver place ni en Algérie, ni dans le Sénégal, ni dans la Guyane, les Antilles, la Nouvelle-Calédonie, ni en Cochinchine, tout est comble!?

Ne faut-il pas des millions pour faire respecter à Madagascar l'honneur du pavillon français? Ça, au moins, c'est substantiel!

Ne faut-il pas des millions pour faire construire dans le Sénégal un chemin de fer dont 17 kilomètres ont coûté 19 millions [1]. Et puis, nous allons couvrir le pays d'écoles d'agriculture, puisque celle de Grignon, seule digne de ce nom, manque d'élèves. Mais

[1] *Journal des Débats*, 5 février 1884.

tout cela n'est encore rien. Pensez donc à l'immense festin du budget. Combien nombreux sont les invités, tous les fonctionnaires et leurs familles, toute la bourgeoisie en est. Croyez-vous que cela ne coûte rien ? Pensez-y, braves gens, et comprenez que, la mort dans l'âme, nous ne puissions dégrever, *l'heure des dégrèvements n'a pas sonné !*

Voyez plutôt, nous ne cessons d'emprunter, de nous jeter dans les dettes ! Mais ne craignez rien, nous prenons bonne note de vos prières. Nous pensons à vous, nous ne vous oublierons jamais. Ah ! l'agriculteur français, c'est sacré ! Ah ! cette laborieuse population agricole ! pour nous, voyez-vous, il n'y a rien au-dessus. Noble profession ! elle mérite tous les encouragements, tous les respects !

Tel est le cliché des discours agrestes du personnel gouvernemental, à moins que le ministre intéressé ne réponde comme Jules Ferry aux délégués du Nord : « Consolez-vous, mes amis, la crise s'étend par toute la France ! »

Eh bien ! c'est peut-être la réponse la plus sensée qui ait été faite à ces éternels pétitionnaires qui ont perdu l'habitude de compter sur leur propre initiative.

Nous allions être injustes. Oui, on a beaucoup fait pour le paysan, on a créé un ministère distinct de l'agriculture qui, déjà, figure au budget pour 24,502,990 [1]. C'est-à-dire, on a découvert un prétexte de former un nouveau régiment d'employés avec sous-chefs, chefs de bureau, de section, de

[1] Et depuis quatre ans a dévoré quatre ministres.

division, surnuméraires, secrétaires, sous-secrétaire d'Etat, ministre et autres parasites. Nouveaux locaux, nouveau fonds de pensions, etc., etc. Depuis, tout va de mal en pis.

Dans ce ministère, on remarque: 3 directeurs, 4 chefs de divisions, 14 chefs, 11 sous-chefs, soit, au total, 32 personnes qui commandent à 55 employés: 25 rédacteurs et 30 expéditionnaires.

Le premier acte de ce ministère a été de trouver un nouveau joujou propre à flatter la vanité des campagnards, l'ordre du Mérite agricole; c'est vert! C'est pratique et pas cher. Nous ignorons si les Américains et les Australiens, qui vous submergent de leurs produits, ont la poitrine décorée d'un hochet quelconque. Le paysan, une fois paré de ce petit jouet, il est impossible que les exportations françaises ne prennent pas un nouvel essor.

On va aussi instituer un Conseil supérieur central de l'agriculture, des chambres départementales d'agriculture et des conseils agricoles provinciaux, cantonaux, départementaux, régionaux, nationaux. Malheur aux concurrents! Dès que la France va être enveloppée de ce nouveau filet administratif, dès que le moindre village se verra occupé par une nouvelle garnison de fonctionnaires à ruban vert, gare aux exportations françaises.

Cherchez bien, vous trouverez toujours la note gaie, même dans la décadence d'un grand pays.

Plusieurs autres circonstances viennent accélérer la ruine de l'agriculture française.

L'insuffisance du matériel, l'ignorance, la pulvérisation du sol.

L'insuffisance des instruments agricoles est notoire. Souvent on est frappé de leur caractère primitif. Les propriétés étant généralement très divisées, le paysan n'a pas les moyens de mettre son outillage au niveau de la science, et l'étendue de sa ferme ne justifie pas l'emploi de machines coûteuses. Vous nous direz qu'il peut les louer; pas toujours, et d'ailleurs ce moyen présente mille inconvénients.

Cette croyance inébranlable que, la France étant la première nation du monde, les charrues et les batteuses françaises sont les premières du monde, empêche d'aller voir comment fait le voisin — l'Anglais notamment, empêche par exemple de venir étudier notre culture de la betterave.

Ah! si tous nos concurrents étaient poursuivis par l'idée fixe qu'ils ont atteint la perfection!...... Malheureusement cette idée n'est que française.

L'extrême division du sol, sa *pulvérisation*, exerce sur la qualité et la quantité des rendements une influence considérable. Prenez un fermier qui possède cent hectares, et ses dix voisins qui, chacun, en possèdent dix. Il est évident que si le premier consacre dix hectares à la betterave, dix au seigle, dix au blé, etc., avec moins de travail et de matériel, toutes proportions gardées, il obtiendra de meilleurs résultats que ses dix voisins cultivant chacun un hectare de betteraves, un de seigle, etc.

Le premier va pouvoir employer des instruments puissants, perfectionnés et labourer dix hectares en moins de temps que ses voisins n'en labourent dix fois un. La division du travail lui permettra de tout expédier plus rapidement. Le matériel, l'engrais, achetés en grandes quantités, le seront à meilleur compte, ses produits mieux vendus. Il en coûte moins à un paysan d'élever dix cochons qu'à dix d'en élever un.

Or, en France la grande culture est l'exception, la petite culture, la culture infinitésimale est la règle.

Cette division de la propriété produit, quand on voyage, un effet ravissant. Dans certaines parties, la France ressemble à un gigantesque tapis aux carreaux de mille couleurs. C'est joli, mais désastreux.

Tout cela ne veut pas dire que nous soyons partisans du système irlandais ou russe, qui attribue à quelques propriétaires d'immenses domaines dont la moitié à peine est cultivée tant bien que mal; mais en France les petits propriétaires ne pourraient-ils pas réunir leurs terres et leurs ressources pour obtenir les avantages de la grande culture?

Non, mes amis, il leur manque pour cela de la largeur dans les idées et aussi les notions indispensables d'administration, de comptabilité et de commerce.

L'ignorance du paysan est remarquable et très amusante, c'est dans les campagnes une source de distraction inépuisable.

En interrogeant un paysan ou un ouvrier, nous nous inquiétons fort peu de savoir s'il peut lire ou écrire. Un illettré en sait parfois beaucoup plus qu'un autre. Il convient d'adresser des questions générales: connaissez-vous le nom de quelques pays en dehors de la France? Quelle différence y a-t-il entre la République et l'Empire? Quelle différence entre le Sénat et la Chambre? Vous payez des impôts, dans quel but, à quoi seront-ils employés? Qu'appelle-t-on impôts directs, indirects? etc., etc. C'est à des questions analogues que nous nous sommes bornés. Les réponses étaient bien faibles. Chose remarquable, elles étaient presque nulles aux environs de Paris. Les populations les plus éclairées paraissent être celles du Nord et de la frontière Est.

Nous cueillons quelques fleurs au hasard.

Dans un village du Calvados, sur douze paysans interrogés, douze ne connaissaient d'autre ministre que M. Jules Ferry (nous ne leur en ferons pas un crime [1]), cinq ne pouvaient dire si Madagascar était une ville ou un continent; personne ne découvrit cette île sur la mappemonde; personne ne sut dire ce que l'on entend par République.

M. de Sauvage, maitre de conférences à l'Institut national agronomique, insiste sur la nécessité d'inculquer aux agriculteurs les principes de comptabilité qui leur permettent de calculer le prix de revient et le produit de leurs denrées. C'est là où ils en sont de l'autre côté des Vosges!

Nous avons inspecté plusieurs écoles communales de village. Quand on a constaté combien l'enseignement y est peu pratique, on ne s'étonne plus de rien.

Voilà, par exemple, un instituteur qui se met en quatre pour expliquer à de petits poupons en sabots le partage de la France entre les quatre fils de Clo-

[1] Depuis il a été remplacé par Brisson, croyons-nous, et ce dernier par Freycinet.

vis, sans oublier une date, et toutes les complications qui s'en suivirent ; c'était dans le programme, que voulez-vous ?

Théodoric Ier (511-534) reçut l'Austrasie ;

Clodomir (511-524), l'Aquitaine;

Childebert (511-558), la Neustrie;

Clotaire (511-561), une partie de l'Aquitaine et encore autre chose. Tout cela est magnifique, mais nous craignons fort qu'après un nombre d'années ou de jours très limité, de toutes ces belles choses (dont Bismark ne sait pas le premier mot, Jules Grévy non plus) il ne reste rien, et que le paysan ignore si la France est plus grande que l'Europe ou vice versâ, ainsi que nous l'avouait un indigène breton; s'il faut chercher Philadelphie en Angleterre ou en Amérique, si la terre tourne autour du soleil ou le soleil autour de la terre.

Les idées du paysan français sur la configuration du globe et les deux ou trois grandes lois qui le régissent sont bornées à l'extrême, ses notions sur les limites, l'étendue, les institutions de son propre pays méritent au plus le coefficient de zéro. Voilà des gens qui élisent un député sans se demander ce qu'est un député; un sénateur, sans savoir ce qu'est un sénateur ; qui paient des impôts sans en connaître le principe. C'est à ces gens que l'on s'amuse à apprendre la date des événements antédiluviens !

La province française est-elle partout aussi misérable ? Non, certes, les ténèbres se dissipent le long de la frontière belge, puis sur la lisière de l'Alsace-Lorraine, c'est le commencement de la grande éclaircie belge, flamande, allemande. Le travail, l'énergie industrielle et commerciale, la densité de la population, l'instruction, tout augmente à mesure que l'on se rapproche des *barbares*.

Du reste, même avant 1870-71, les départements du Nord, ceux du Haut et Bas-Rhin, etc., se distinguaient singulièrement des autres. Savez-vous pourquoi ? Ah ! ce n'est pas difficile à comprendre; c'est que dans les veines de ces populations de l'Est coule le sang allemand et flamand, et non le sang de la grande nation ! Et on ne s'éloigne pas de l'épaisseur d'un cheveu de la vérité, quand on dit : Ce qu'il y avait de meilleur en France, la partie la plus éclairée et la plus peuplée de la nation française, c'était la partie allemande, germanique, teutonique, la partie où on mange de la choucroûte, boit de la bière et parle allemand. Ce qu'il y avait de meilleur dans le Français, c'était l'Alsacien, le Flamand, le Belge, ce qu'il y a de meilleur dans la grande nation, c'est l'élément étranger.

A mesure que vous vous éloignez des *barbares*, pour vous approcher de la *Ville-Lumière*, du *Flambeau de la civilisation*, de la *Ville sacrée* (excepté pour ses habitants quand ils y mettent le feu), les ténèbres s'épaississent autour de vous. Les populations agricoles des environs de Paris sont, disions-nous, très arriérées. Aux extrémités les ténèbres augmentent encore. L'engourdissement intellectuel est à son comble en Bretagne et dans les Pyrénées.

L'obtus démocrate, philanthrope de profession, qui pullule en France, ne manquera pas de s'écrier :

« Mais que faites-vous du progrès ? N'en est-ce

pas un, que de manger du pain blanc et de la viande, se mieux vêtir? Vous en mangez bien, vous! Vous portez bien des souliers de cuir et un habit noir! Si la ville attire le paysan, n'est-ce pas un nouvel indice du progrès? Cette division du sol que vous critiquez est admirable, elle veut dire : moins de grandes fortunes et plus d'aisance générale, etc., etc. »

Ce raisonnement, au point de vue théorique, est absolument parfait et nous n'y trouvons rien à redire, sinon, cependant, qu'avec de semblables raisonnements parfaits on est en train de conduire la France à la ruine. Morale : il y a quelque différence entre la théorie et la pratique.

Un économiste français a dit de l'agriculture de son pays qu'elle était à l'agonie. Si aujourd'hui le mot parait exagéré, il sera couramment employé dans quatre ou cinq ans, et cependant que reste-t-il à la France, sinon la fertilité inépuisable de ce sol toujours plus dédaigné, seule chose qui n'ait pas changé, avec l'idée, bien entendu, que la France est toujours la grande nation.

III

Industrie. — Résultats comparés des années 1875 et 1883. — Railleries des industriels français après les expositions de Philadelphie et de Paris. — Le goût n'est plus un monopole. — Bijoutier et épicier. — Le Français ne peut pas fabriquer bon marché. — Il est écrasé par les impôts. — Quelques exemples d'écrasement. — Un aperçu de la hausse des salaires. — Frottement du capital et du travail. — Invasion des ouvriers étrangers. — Causes de leurs succès en France. — Ligues contre les étrangers. — Le projet de loi de M. Thiessé. — *L'Anti-Prussien.* — Les ouvriers sans ouvrage. — Plutôt mourir que travailler à prix réduits. — Comment les ouvriers étrangers peuvent joindre les deux bouts. — Comment les ouvriers français entendent mettre la concurrence à la porte. — Arrêt de la construction — L'infâme bourgeois. — Un meeting à la salle Lévi. — Ouvriers possibilistes, leur naïveté. — Leur programme. — Crise ouvrière à Lyon — L'ouvrier aux crochets de l'Etat. — Exploits d'un ouvrier aux colonies. — Les Communards à la Nouvelle-Calédonie. — L'ouvrier politique, son rôle prépondérant. — Une réunion d'ouvriers à Belleville. — Théorie d'un ouvrier possibiliste. — Les titres de gloire de l'ouvrier parisien. — Le Conseil municipal de Paris et la glorification de Commune. — Danger qu'il y aurait à retenir les ouvriers à Paris.

En considérant la situation actuelle de l'industrie française, nous voyons qu'en passant du champ à l'atelier l'agriculteur ne fait pas une spéculation brillante.

Le ministre de l'agriculture disait à la Commission de la Chambre : « La crise industrielle provient en « grande partie de la misère des campagnes. La mi« sère agricole arrête la consommation des produits « industriels. »

Voyez et jugez : Le tableau suivant permet de comparer le résultat pour l'industrie française des années 1875 et 1883. Depuis 1875, déclin constant. Ajoutons que l'année 1884 est, pour les exportations, inférieure à 1883 et que les quatre premiers mois de 1885 sont beaucoup moins favorables que la période correspondante de 1884 [1] [2].

Exportations

		1883		1875
Tissus et fils divers	Fr.	821,165,000	Fr	898,787,000
Ouvrages de peaux	»	236,810,000	»	262,798,000
Ouvrages de paille	»	12,425,000	»	22,391,000
Bijouterie et horlogerie	»	99,181,000	»	80,219,000
Machines et mécaniques	»	27,752,000	»	25,013,000
Ouvrages en métaux	»	86,170,000	»	80,614,000
Tabletterie, bimbeloterie	»	100,740,000	»	159,852,000
Modes et confections	»	100,888,000	»	128,244,000
Meubles	»	25,312,000	»	28,649,000
Instruments de précision	»	10,725,000	»	6,529,000
A reporter	Fr.	1,521,168,000	Fr.	1,693,096,000

[1] Consultez le *Journal officiel.*

[2] Et les huit derniers mois ne contribuent pas à relever la moyenne de l'année entière. *(Note de la deuxième édition.)*

		1883		1875
Report	Fr.	1,521,168,000	Fr.	1,693,096,000
Livres, gravures, papier, carton	»	52,246,000	»	56,383,000
Faïences, porcelaines, verres	»	46,963,000	»	51,486,000
Produits chimiques	»	66,074,000	»	45,758,000
Divers	»	123,003,000	»	151,152,000
Totaux	Fr.	1,809,454,000	Fr.	1,997,875,000

Les exportations de 1875 ont dépassé de 200 millions environ celles de 1883.

Importations

		1883		1875
Produits chimiques	Fr.	83,104,000	Fr.	41,277,000
Poterie, verre, cristaux	»	19,577,000	»	11,967,000
Fils et tissus divers	»	307,733,000	»	299,948,000
Livres	»	6,302,000	»	4,425,000
Peaux préparées	»	40,774,000	»	42,123,000
Machines et mécaniques	»	92,782,000	»	32,279,000
Bâtiments de mer en fer	»	23,334,000	»	5,364,000
Horlogerie	»	6,535,000	»	2,170,000
Ouvrages en métaux	»	34,457,000	»	15,168,000
Divers	»	48,604,000	»	57,820,000
	Fr.	663,202,000	Fr.	511,641,000
Autres marchandises	»	318,496,000	»	168,371,000
Totaux	Fr.	981,698,000	Fr.	680,012,000

On a par suite importé en 1883 pour 300 millions environ d'objets fabriqués de plus qu'en 1875.

Il devient évident que les exportations décroissantes de l'industrie ne suffisent plus à solder les importations énormes de denrées coloniales, ce qui renverse l'équilibre économique du budget et conduit fatalement à l'appauvrissement graduel du pays.

La diminution dans les recettes de tous les chemins de fer français, diminution sur les dernières années qui se chiffre par plusieurs millions chaque mois, est un gage du ralentissement de la vie industrielle.

Vous rappelez-vous l'exposition de Philadelphie et les railleries dont les Français nous accablèrent à cette occasion ? Vous rappelez-vous l'exposition de Paris et la pitié qu'elle nous valut de nos adversaires? On nous accusa de ne point exposer par crainte d'étaler notre infériorité à côté de la section française triomphante. Pourquoi citer les articles que publièrent à cette époque les journaux français pour célébrer notre défaite et leurs succès. Ce serait aujourd'hui pure cruauté. Depuis, nous n'avons cessé d'inonder la France et l'univers de nos voyageurs et de nos ouvriers ; colons sans colonie, partout nous avons ouvert à notre industrie de nouveaux débouchés ; vous la voyez représentée par ses nationaux dans les recoins les plus ignorés. C'est nous enfin qui exportons à Paris l'article de Paris ! Que les temps et les rôles sont changés ! Ne serions-nous pas en droit de nous railler de la France dans sa dégringolade ? Mais il nous parait peu chrétien de s'amuser aux dépens d'une nation qui s'en va. Ce n'est pas en narguant ses voisins qu'on leur enlève la clientèle, mais bien en s'exagérant leurs qualités.

Les deux valeurs les plus claires qu'elle gardait en portefeuille étaient :

La vigne, voilà pour l'agriculture.

Le goût, voilà pour l'industrie.

La vigne est morte. Le goût n'est plus un monopole.

Tout d'abord nous pouvons définir généralement les échanges industriels de la France, en disant qu'elle exporte avant tout des articles de luxe et importe les objets ou denrées nécessaires. Or, à la moindre crise, l'épicier achète moins de bijouterie, le pauvre bijoutier ne peut réduire ses notes de sucre et de chandelle. Cette distinction devra, toute autre cause écartée, amener des accalmies périodiques dans l'industrie française. Mais attachons-nous à démontrer qu'il s'agit ici de bien autre chose que d'une crise passagère.

Le goût n'est plus un monopole, disions-nous.

Les Allemands, les Anglais, les Italiens, les Américains fabriquent tous aujourd'hui l'article de luxe, et ce dans des conditions très favorables, grâce à un outillage neuf, une main-d'œuvre moins élevée, des impôts moins lourds, des connaissances plus étendues. En outre et surtout, ils savent *faire l'article* sans attendre qu'on vienne le marchander. Déjà ces divers pays commencent à satisfaire à leurs besoins et même à rechercher des clients à l'extérieur.

Or, l'industriel français doit fabriquer cher, très cher, nous verrons pourquoi, et plus le monde vieillit, plus l'article coûteux se place avec peine, plus l'article passable et bon marché s'écoule facilement.

On vit au jour le jour, soucieux avant tout des apparences ; ce que l'on réclame surtout d'un objet de luxe, est de beaucoup *représenter* et peu coûter. Voilà pourquoi on préfère nos articles de Paris à ceux de Paris. Le nombre des bouches à nourrir augmente, la note de l'épicier s'élève, celle du bijoutier diminue. L'aluminium, le plaqué, le métal anglais remplacent l'or et l'argent massif.

En comparant leurs produits aux nôtres, les industriels français ne manquent jamais de s'écrier : « Mais enfin notre fabrication est plus finie, plus ar- « tistique ! » Avouons sans rougir que nos articles de luxe restent inférieurs aux articles français sur quelques points. Sans rougir ? avec fierté, s'il vous plaît, car voilà bien la preuve de notre supériorité commerciale. Lorsqu'un marchand s'aperçoit qu'il écoule facilement ses poupées à dix sous sans pouvoir liquider le stock à 5 francs, il cesse de tenir l'article à 5 francs. S'il est intelligent, bien entendu.

Nous vendons nos articles bon marché, passables, détestables, si vous voulez, qu'importe, nous les vendons, et vous comptez parmi nos meilleurs clients, avouez-le. Est-ce par charité que vous vous montrez si friands de nos articles de Paris ?

Tant que la France conserva le monopole de l'industrie, tout alla bien, car avec un monopole on renverse des montagnes ; mais dès qu'il a fallu tenir tête à la concurrence étrangère, à la concurrence du bon marché, elle n'a cessé de perdre du terrain, et ce pour diverses raisons que nous allons vous exposer.

L'industriel français doit fabriquer cher. Les impôts, la cherté de la vie, de la main-d'œuvre, etc., lui interdisent la fabrication à bon marché. De plus, il ne sait ni éviter la routine, ni perfectionner son outillage, ni écouler ses produits.

Pour vous figurer le poids dont les impôts et les frais généraux pèsent sur le commerce français, songez que l'agriculteur et son infortuné collègue, l'industriel, doivent entretenir l'armée la plus nombreuse et la plus coûteuse du monde, sinon la meilleure ; payer la rente à l'armée des rentiers français et étrangers, qui absorbent les intérêts de la plus grosse dette du monde ; nourrir l'armée formidable des fonctionnaires du gouvernement, des fonctionnaires municipaux, l'armée formidable des parasites bureaucrates et plumitifs, que traine à sa suite le commerce français, grâce à cette particularité du caractère national qui interdit d'exporter une tonne de sucre sans barbouiller trois kilomètres de papier.

En résumé, avant de songer, non pas aux bénéfices, s'il vous plait, mais simplement à ses frais généraux, l'industriel doit remplir l'énorme réservoir budgétaire, d'où fuient chaque année près de 4 milliards de francs, nous verrons comment ; il doit remplir le réservoir départemental et le municipal. Or les fuites du seul réservoir municipal de Paris s'élèvent à fr. 263,000,000 par an, et vont augmentant mois par mois.

Le paragraphe que nous consacrons plus loin au budget de l'Etat démontre la nécessité de nouveaux impôts. M. Tirard[1] les a, du reste, promis à l'indus-

[1] Pardon, au moment où nous écrivons, il est remplacé par M. Clamageran; pardon encore, ce dernier vient de

trie et tiendra parole ; à moins que la Chambre ne reste fidèle à son habitude d'emprunter 500 millions chaque année pour payer les intérêts de la dette et les parties de plaisir coloniales, ou ne consente à réduire le gaspillage, ce que nous n'avons nullement à craindre.

Le programme de Brisson, successeur de Ferry, prédécesseur de de Freycinet, promet aussi l'augmentation des impôts. Il comporte, il est vrai, l'occupation indéfinie de Madagascar et du Tonkin. Heureuse compensation.

Croirez-vous qu'il existe encore des industriels assez naïfs pour réclamer quelques dégrèvements ? Ces gens-là doivent tous croire au miracle des pains et des poissons. Malheureusement 2 et 2 font 4, même chez la grande nation.

Un seul exemple vous donnera l'idée des charges qui écrasent ce malheureux pays.

Nous lisons dans le rapport à l'assemblée des actionnaires de la Société générale, tenue à Paris le 24 mars 1883 :

« La Société générale paie par an, tant à Paris « que dans les agences, pour droits de timbres di- « vers, impôt foncier, portes et fenêtres, biens de « mainmorte et taxe 3 %. . . . Fr. 443,635 91
« sans compter les droits de pa- « tente et indépendamment de « la taxe de 3 % que nous « payons déjà sur toutes les va- « leurs qui composent notre por-

l'être par un Sadi-Carnot quelconque, ancien ministre des travaux publics.

Report	Fr.	443,635 91
« tefeuille. Et si l'on ajoute l'im- « pôt mobilier et des patentes « appliqué comme l'entend l'ad- « ministration, soit	»	651,827 51
« on arrive au chiffre vraiment « écrasant de.	Fr.	1,095,463 42

« d'impôts à payer par an. »

Les administrateurs exposent comme quoi, incapables de supporter le poids de cette rançon, ils se voient dans la nécessité de réduire le nombre de leurs agences. Même observation de la part du Crédit lyonnais, qui paye un million d'impôts. La Société générale fonctionne avec un capital de fr. 60,000,000. Le dividende proposé par les administrateurs et adopté à la suite de ce rapport était de 5,15 %. c'est donc environ 30 % des bénéfices que l'Etat met dans sa poche!

Les Français, sans distinction d'âge ou de sexe, paient 104 fr. d'impôts par an et par tête;

Les Américains, fr. 59;

Les Anglais, fr. 57;

Les Allemands, fr. 44;

Les Belges, fr. 40;

Les Russes, fr. 36;

Les Espagnols, fr. 33.

A ces impôts doivent s'ajouter les droits d'octroi et centimes additionnels *qui, dans certains départements, s'élèvent au double, au triple, au quadruple* (!!!) du principal!

L'Etat n'est pas le seul ennemi de l'industriel français.

N'a-t-il pas à lutter tous les jours contre les nouvelles exigences, la tyrannie et la haine de ses propres ouvriers?

Comme chez le paysan, vous observez chez l'ouvrier un besoin croissant de confort, un relâchement d'énergie proportionnel.

Le café, le petit verre, les journaux, le lundi, etc., tout cela vient encore s'ajouter au prix de fabrication.

Augmentation des salaires, diminution des heures de travail, telles sont les *revendications* qui se font jour dans toutes les réunions publiques. C'est le progrès, que voulez-vous!

« Non, le prolétaire ne restera pas esclave du « bourgeois ventru, qui se gorge de sa sueur! » nous assurait un des spirituels *économistes* du parti ouvrier.

Chose singulière! Alors que le prix de la main-d'œuvre devrait constamment décliner, si l'on considère la masse des ouvriers sans ouvrage et leur nombre total nullement proportionné aux besoins de l'industrie, les salaires n'ont cessé de progresser, et de quelle allure!

Les rapports à la Commission d'enquête se chargent de nous l'apprendre.

La statistique officielle des salaires de la petite industrie, portant sur 62 corps de métier, constate un accroissement de 55 % pour les hommes, 56 % pour les femmes, et ce de 1853 à 1879. La grande industrie a suivi cet exemple. L'augmentation atteint:

41 % pour les ouvriers imprimeurs
65 % » tisserands

58 % pour les ouvriers		maçons
70 %	»	charpentiers
65 %	»	couvreurs
52 %	»	serruriers
48 %	»	vitriers
74 %	»	boulangers
64 %	»	bouchers
51 %	»	brasseurs.

Pour les mécaniciens, l'heure payée 0,32 cent., en 1841, en valait 0,70 en 1880.

Dans les industries métallurgiques, hausse de 76 %.

Notez bien que la cherté de la vie ne suivait nullement la même progression; par contre, les appétits ouvriers grandissaient encore plus vite. D'autre part, toutes les corporations réclament la réduction à huit heures de la journée de travail, ce qui, pour le patron, revient à une nouvelle augmentation de salaire.

C'est au moment où les pays voisins livrent à l'industrie française les assauts les plus furieux, que les ouvriers se soulèvent contre leurs chefs naturels, les traînent dans la boue, augmentent sans cesse le chiffre de leurs prétentions et assurent le triomphe définitif de la concurrence étrangère en même temps que leur propre ruine.

Croirez-vous qu'une fenêtre en sapin, venue de Norwège et toute prête à être posée « ne coûte pas « plus cher que le seul prix de la façon d'une fenêtre « faite à Paris sur le même modèle? » (Arthur Mangin. *L'Economiste français* du 26 janvier 1884).

Ce frottement, cet antagonisme perpétuel en

France du capital et du travail, des membres et de l'estomac, nous est si favorable, que beaucoup le croient l'œuvre de provocateurs à notre solde.

Tandis qu'en France patrons et ouvriers se dévorent, nous apprenons, Dieu merci! à nous passer de leurs services et nous en acquittons, paraît-il, à merveille.

Questionnez l'ouvrier sur les causes du chômage, sur le ralentissement de toutes les industries françaises, il ne saura qu'insulter l'infâme bourgeois, l'infâme capital ou maudire les étrangers: « ces « Allemands, Belges, Italiens qui viennent travailler « chez nous, voler nos procédés, nous espionner, « copier nos modèles, Monsieur! emporter le tout « chez eux; qui alors refusent nos importations, nous « enlèvent les clients et finalement inondent nos « marchés de leurs produits frelatés. »

Les infiltrations d'ouvriers allemands, belges et italiens en France ont pris, ces dernières années, toutes les proportions d'une inondation.

De 1851 en 1881, en trente ans, l'élément étranger en France a presque *triplé*. Il atteint 174 ‰, 127 ‰, 69 ‰ dans les départements du Nord, des Bouches-du-Rhône et de la Seine respectivement, sans parler des étrangers naturalisés.

« La colonie italienne prend des racines de plus « en plus profondes dans notre cité. Elle y fait souche « et, du train dont vont les choses, dans moins de « dix ans, cent mille Italiens seront établis à Mar- « seille. » (*Petit Marseillais*, 3 mars 1885).

Les étrangers ont fini par s'imposer au chauvinisme français.

Notre compatriote se voit plus apprécié au cœur même de Paris que son infortuné collègue, l'ouvrier de la grande nation.

Plus consciencieux et instruit, plus discipliné, plus sobre, moins flâneur, ne s'occupant ni de réformer le corps social ni de revendiquer les droits du prolétaire et, disons-le, travaillant de meilleur cœur, l'ouvrier allemand passera régulièrement par-dessus la tête du *prolétaire* parisien.

Bien que cuirassés par le sentiment de leur supériorité, nos voisins n'ont pu assister impassibles à cette invasion de travailleurs étrangers qui, au moment où les grandes villes de la France pullulent d'ouvriers sans ouvrage, viennent disputer aux autres ce qui leur en reste encore.

Le gouvernement, les conseils municipaux, la presse et diverses sociétés, comme celle de l'Economie populaire, ont pris la chose en main.

On a vu se fonder des journaux, se former des ligues sans autre objet que de faire la guerre à nos ouvriers, nos employés, ou d'empêcher la consommation de nos produits, la *Ligue nationale*, par exemple.

On a discuté la question de savoir si l'Etat avait qualité pour exercer une protection officielle à l'égard des travailleurs français.

M. Thiessé, député de la Seine-Inférieure, vient de présenter à la Chambre un projet de loi tendant à soumettre les ouvriers étrangers, tout comme les chiens, à une taxe de séjour.

Tout finit en France par de nouveaux impôts.

Cette idée de prélever les droits de douane sur les

étrangers qui passent la frontière, paraît très naturelle à la nation du monde la plus *libérale*.

Que voulez-vous! on protège bien les produits français; pourquoi l'ouvrier français ne serait-il pas également protégé, puisqu'on le sait tout aussi incapable de soutenir la concurrence des voisins. Quand on n'a plus le courage de se battre en plaine, il faut, bon gré, mal gré, chercher un abri derrière les remparts de la douane et des privilèges. Ce n'est pas toutefois un signe de prospérité bien décisif.

Dans un pays assiégé de la sorte, les *sorties* ne sont pas faciles. Il serait par trop commode de se barricader chez soi et d'entrer librement chez les autres, pour y écouler sa marchandise.

Les Français commencent à s'en apercevoir.

Mais revenons à notre sujet: l'intéressant prolétaire si peu fidèle au sens étymologique de son nom.

Ecoutez l'*Anti-Prussien* (24 janvier 1884) définir le but qu'il se propose :

« Désinfecter notre beau pays du Prussien et de ses produits. » Et il ajoute: « Il ne faut pas oublier que 200,000 Allemands prennent la place en ce moment de 200,000 Français qui ont faim. »

Chaque numéro de cet organe dénonce un certain nombre de maisons qui emploient nos ouvriers et nos commis (rubrique: *Questionnaire*).

Il reçoit *avec reconnaissance* les dénonciations d'ouvriers français congédiés et remplacés par nos compatriotes.

Mais c'est vouloir humilier son pays à tout prix que d'appeler à la rescousse les autorités, la presse, les ligues nationales et des impôts extraordinaires pour protéger à Paris l'ouvrier français, le premier du monde, contre de pauvres émigrants allemands qui, ignorants de la langue, haïs de leurs camarades, sans appui ou protection d'aucune sorte, luttent contre des indigènes travaillant chez eux, forts de la sympathie des particuliers et de l'Administration.

Il faut des Italiens en France pour la construction, les terrassements, les métiers durs et peu rétribués ; il faut des Allemands, des Belges, des Suisses pour l'industrie, la banque, le commerce en général ; ils sont *recherchés* et réussissent surtout aux postes qui réclament de l'exactitude, de l'assiduité, des connaissances techniques.

C'est par dizaines de mille que se chiffrent les ouvriers français sans ouvrage, et cependant, fait bien significatif, l'Allemand qui vient à Paris n'y reste pas longtemps les bras croisés. Combien en avons-nous vu partir pour la France, qui *tous* ont trouvé un emploi, *sans que nous puissions citer d'exception !*

Tous les conseils municipaux du monde, tous les articles de la presse, les taxes mêmes n'y pourront rien faire.

Quand la décadence s'établit dans un pays, qu'il y a dépression de force morale, de force de résistance, décrets et entrefilets de journaux n'empêcheront pas le vent de s'y engouffrer de partout.

De tout temps on aura besoin d'ouvriers disciplinés et énergiques qui consentent à travailler plus de huit heures par jour, de tout temps on recherchera les Allemands en France, et cela toujours plus.

« A ce point de vue il est à noter que si les ou-

« vriers étrangers trouvent du travail par toute la « France, alors que souvent les travailleurs natio- « naux n'en trouvent pas, cela tient moins peut-être « à la différence des salaires qui, en moyenne n'est « guère que de 50 centimes par jour, qu'à la diffé- « rence de situation morale dans laquelle se trouve « le patron employant des étrangers ou des natio- « naux. Dans le premier cas, le patron est à peu près « sûr de l'avenir; il peut prendre et faire des com- « mandes importantes, accepter des marchés à long « terme; il sait qu'il n'est pas menacé ou d'un chô- « mage subit qui l'empêcherait de faire face à ses « engagements, ou d'une augmentation de salaires « qui diminuerait son bénéfice au point même de le « transformer en perte. Dans le second cas, l'avenir « ne lui appartient pas, il est sans cesse sous le coup « d'une grève avec toutes ses conséquences désas- « treuses. » (*Petit Marseillais*, 23 avril 1885).

M. Jules Ferry, parlant de l'invasion des ouvriers étrangers, disait à la Chambre, le 28 janvier 1884:

« Pourquoi viennent-ils chez nous?

« Parce qu'ils y trouvent un travail que nous ne « voulons ou ne pouvons pas faire. » (*Très bien, très bien!*)

« La France, pays heureux et gâté, quoiqu'on en « dise, par la fortune (*très bien, très bien*), *n'a plus* « de journaliers qui consentent à faire certains tra- « vaux pénibles auxquels l'ouvrier italien ou belge « se soumet. »

Un bon point à M. Ferry pour cet aveu pénible mais franc, que la Chambre, par ses applaudissements, semble avoir compris tout de travers.

Que de milliers d'ouvriers belges, allemands, italiens, ont participé et participent encore à l'exécution du bienheureux plan Freycinet. Comptez les Belges qui travaillent aux ports de Dunkerque et du Havre, les Italiens employés aux voies ferrées et aux canaux !

« Vous savez que le nord, l'est et le midi de la « France sont envahis par près d'un million d'ou- « vriers étrangers, belges, italiens, luxembourgeois, « espagnols. Ces hommes apportent leurs bras chez « nous ; ils acceptent de faire de rudes travaux aux- « quels nos ouvriers français répugnent, ils rendent « des services réels à quelques-unes de nos indus- « tries. Ce serait une faute et un acte illibéral de les « expulser, comme le demandent certains de nos « *socialistes!* » (*Lyon républicain*, 24 novembre 1885).

Pendant que nos ouvriers « acceptent de faire les « rudes travaux auxquels les ouvriers français ré- « pugnent » ces derniers braillent, chôment et la faim les détruit !

Mieux vaut mourir à ne rien faire, que de travailler pour un salaire médiocre, accepter un travail pénible, ou faire un seul pas à la recherche d'une occupation quelconque. Regardez les ouvriers lyonnais, que la décadence de leur industrie, la concurrence d'Elberfeld, de Créfeld et de Zurich a jetés sur le pavé. Vous croyez peut-être qu'ils vont s'inquiéter de savoir vers quel point il faut se porter, ce qu'il convient d'entreprendre pour échapper à la misère! Que vous les connaissez mal ! C'est à Lyon même qu'il leur faut du travail, jamais ils ne se dérangeraient pour en aller chercher à deux lieues de la ville.

Voyez-les s'épuiser en agitations aussi vaines qu'idiotes. Combler les fossés de la ville, voilà ce que l'on a proposé de plus intelligent pour occuper ces paralytiques!

La construction est très active en Algérie depuis quelque temps. Qui en profite, les ouvriers de Paris sans ouvrage?... Les ouvriers de Paris! vous leur croyez donc assez d'énergie pour chercher du travail au delà de la Méditerranée; il faut le leur apporter à domicile tout découpé! — Ce sont les Piémontais, et ils sont, parait-il, fort bien payés en Algérie.

Les violentes diatribes de la presse contre l'immigration des étrangers ne sont pas seulement inutiles, elles sont humiliantes et dangereuses pour le pays, et si les gratte-papier n'avaient pas cru devoir mettre de l'eau dans leur vin, elles auraient valu au gouvernement de nouvelles humiliations, de Londres ou d'autre part.

Imaginez le Conseil municipal de Berlin et la presse allemande obligés d'intervenir et de prendre, en Allemagne, la défense des Allemands, contre l'invasion des ouvriers français, de taxer les étrangers! Cette idée fait sourire, à tel point que nous avons peine à nous représenter des Français en chair et en os nous faisant concurrence sur nos propres marchés, tellement on s'habitue à considérer l'Allemagne comme la nation naturellement envahissante, la France comme la nation naturellement envahie.

La modique somme qui suffit à nos ouvriers pour vivre à l'étranger, entretient chez nos voisins un étonnement perpétuel ; mais le Français, né malin, a fini par découvrir le pot aux roses.

Ouvriers, employés allemands, sont tout bonnement des espions de Bismark, qui les entretient de sa poche.

Nous détachons de l'*Almanach de l'Anti-Prussien* pour 1884, rubrique : *L'espionnage prussien*, quelques passages de choix qui traitent de la matière ; de vrais petits bijoux.

On nous reprochera de citer un organe si peu convenable, on aura tort : l'apparition en France des feuilles de ce genre est un signe des temps dont il convient de tenir compte. Elles poussent comme des champignons entre les pavés de la grande ville.

« On se demande comment, avec des ressources « ne dépassant guère 150 à 200 fr. par mois, ces « blonds enfants de la confédération germanique « peuvent mener un train de vie qui n'exclut pas le « confortable. Le rébus n'est pas indéchiffrable. Ces « employés modestement rétribués ne se font pas « faute de manger à deux râteliers à la fois. Ils com- « mencent par entrer en offrant leur travail sans ré- « tribution, sous prétexte qu'ils viennent apprendre « la banque, le commerce et le français. Ils se font « humbles et petits, essuyant sans broncher toutes « les algarades et les rebuffades qui leur sont prodi- « guées ; ils courbent l'échine, sachant plaire au pa- « tron par leur assiduité ; et puis, un beau jour, « quoique connaissant notre langue, ils ne songent « plus à repartir dans leur pays, ils demandent des « appointements modestes d'abord, n'élevant leurs

« prétentions que graduellement, prenant en main
« les intérêts de la maison.

« Allons, avouez-le donc! vous êtes des espions à « gage, qui touchez des deux mains, jusqu'au jour « où vous vous emparez de la bonne, de la meilleure « place, et cela au détriment des Français qui crèvent « de faim, et du commerce qui voit s'évanouir sa « clientèle que vous avez su accaparer avec la pro- « duction frelatée et à bas prix des rives de la Sprée. « C'est la ruine qui vient s'installer au foyer de la « France par la porte du désintéressement intéressé « des séides de M. de Bismark! »

Et la conclusion :

« Sachons nous défendre en faisant le vide autour « de cette engeance puante et repoussante qui cher- « che à s'imposer chez nous en rampant, jusqu'au « jour où elle pourra redresser la tête et nous mordre. « Sus aux brasseries tudesques! »

Le croiriez-vous? voilà un article écrit avec l'intention bien arrêtée de nous dénigrer. Lisez-le avec soin: quel humiliant aveu! quel éloge inconscient de la patience, de l'énergie, de l'intelligence qui distinguent l'ouvrier et l'employé allemands!

On va jusqu'à faire un crime à l'ouvrier, au commis allemand, de sa frugalité même. Il se contente de si peu qu'un salaire des plus minimes suffit à son entretien.

Dans toutes les villes où les travaux de construction attirent les Piémontais, vous voyez le dimanche la poste assiégée d'une légion de ces pauvres diables qui, par un tour de force incompréhensible, ont trouvé moyen d'économiser sur leur deux misérables francs par jour de quoi expédier quelques sous d'économies au pays natal. C'est touchant, direz-vous; c'est monstrueux, dira M. Thiessé.

Comment, c'est là tout ce que vous dépensez! Eh bien, mes amis, au nom de la liberté, l'égalité, la fraternité, nous allons vous faire payer une taxe dont nous dispenserons l'ouvrier du pays. Elle augmentera tant que vous aurez l'impudence de lui montrer qu'on peut s'adonner plus de huit heures par jour à des travaux pénibles, pour un salaire minime, et faire encore des économies, tandis que, mieux payé, il s'endette.

De deux choses, l'une:

Ou la taxe Thiessé sera légère, et alors le gouffre du Trésor public n'en fera qu'une bouchée, tandis que les étrangers, peu incommodés, continueront à condamner les indigènes au chômage;

Ou elle sera lourde, et alors les étrangers renonceront à la lutte et les industriels français également; car la main-d'œuvre à bon marché qu'ils obtiennent des Belges, des Allemands, des Italiens, est leur dernière fiche de consolation.

En résumé, la taxe proposée est avant tout dirigée contre l'industrie française!

Nous ne parlons pas des représailles éventuelles exercées non sur l'ouvrier français à l'étranger, il n'y en a pas, mais sur leurs produits.

Comment arrêter cette invasion de l'étranger en France? Les tisserands à Lyon, les mécaniciens à Paris, et en général la grande masse des ouvriers possibilistes ont proposé la formation d'une ligue internationale des ouvriers qui fixerait un maximum de salaires, un minimum d'heures de travail dont les patrons ne pourraient se départir.

M. Clémenceau a été chargé par les ouvriers mécaniciens de Paris (en février 1884), de se mettre en rapport avec M. Gladstone à ce sujet (!?)

C'est légal, mais terriblement naïf. Imaginez un cheval poussif et âgé qui, dans une course, hennirait à ses rivaux en avant : « Arrêtez, arrêtez ! nous allons « tous nous mettre sur la même ligne, nous trotte- « rons gentiment jusqu'au but et partagerons les « prix. »

C'est à coups de décrets, de décisions, d'arrêtés, de statuts, d'entrefilets, de taxes, que les modérés d'entre ces pauvres gens prétendent retarder leur défaite ! Amis, il n'y a pas de règlement au monde qui vous mettra dans les veines le sang qui y manque, et dans le cœur l'énergie qui n'y est plus.

Le seul remède en l'état actuel de décadence française est bien celui de l'*Anti-Prussien :* courir sus aux Allemands en France et leur couper le cou ! Ils ne pourront alors : ni *devancer les Français par leur assiduité*, ni *prendre à cœur les intérêts de la maison et arriver aux premières places*, ni évincer les indigènes qui, en aucune façon, paraît-il, ne se distinguent par leur assiduité, ne prennent à cœur les intérêts de la maison, et par suite *crèvent de faim* dans leur propre pays où les étrangers prospèrent.

Le nombre des ouvriers français sans ouvrage est, sans doute, fort considérable. Quelques députés, intéressés, il est vrai, à tout peindre en noir, l'ont estimé à 300,000 pour Paris seulement. M. Paul

Leroy-Beaulieu nous apprend que nous entrons à peine dans la période de crise.

L'ouvrier français vit des industries de luxe et du bâtiment; or, pendant ces dernières années, on a construit à Paris et dans les grandes villes de province à tort et à travers. Les droits d'octroi sur les matériaux de construction se sont élevés en 1870 à fr. 12,370,000 ; à fr. 16,000,000 en 1880 ; à fr. 17,555,000 en 1881 ; et fr. 19,273,000 en 1882.

Les autorisations de bâtir, délivrées par la Préfecture de la Seine, représentent encore en 1883 de 120 à 150 étages par semaine, soit 6 à 7,000 étages par an, de quoi loger une population de 50 à 60,000 âmes. De là on est descendu à 60, à 70 étages à l'heure qu'il est.

« Dans un an on peut être assuré qu'on ne cons-
« truira plus rien à Paris. Il n'y aura plus que quel-
« ques rares fantaisies individuelles qui feront édi-
« fier, pour des convenances particulières, quelques
« bâtiments à droite ou à gauche. Déjà on voit, à
« deux pas de nos plus belles promenades, des rues
« entières à peine achevées qui ont l'aspect vieux,
« délabré, sordide, que présentaient, il y a dix ans
« à Marseille, les maisons de la Société immobilière.
« Ainsi, on construit encore à Paris, mais en 1885-86
« on ne construira plus rien, cela est inévitable.... »

M. Paul Leroy-Beaulieu en indique les causes:

« Les revenus de la classe bourgeoise ont sensi-
« blement diminué, les revenus des propriétaires
« ruraux bien davantage. Phylloxéra, décadence de
« l'agriculture, déclin de l'industrie, pertes à la

« Bourse, tout s'en est mêlé. La France s'appauvrit. » Le célèbre économiste termine par ces mots:

« Si l'Etat persévère dans la débauche financière « qu'on a inaugurée il y a quelques années, nous ne « savons vraiment trop quelle sera la situation de « Paris surtout, et même de la France en 1885 et « 1886. »

A Lyon, la crise financière se fait sentir plus cruellement encore.

Quelles mesures pratiques vont-ils prendre, les ouvriers sans ouvrage, pour remédier au mal? Mesures pratiques! Combien mal vous connaissez l'ouvrier français, le premier du monde!

Insulter et menacer le gouvernement, l'infâme bourgeois, organiser des démonstrations violentes, tenir des congrès absurdes où président la force brutale et une ignorance navrante, effrayer les capitaux et paralyser le commerce national, tels sont les moyens que l'ouvrier appelle à son aide pour améliorer sa position et contribuer au relèvement de son industrie.

L'ignorance et la vanité de ces pauvres gens sont admirablement exploitées par quelques agitateurs de profession qui connaissent l'effet produit sur un Français par l'ouïe d'une phrase ronflante. Comment ne les a-t-on pas accusés, eux aussi, d'être des espions prussiens? ils font singulièrement les affaires de notre industrie.

Les réunions publiques se succèdent. Exemples : A la salle Lévi (23 novembre 1884), l'assemblée décide la convocation d'un meeting public, d'où l'on partira pour reprendre chez les boulangers le pain qu'on vole aux prolétaires.

A la sortie on assommme les agents chargés de faire respecter l'ordre; le sang coule.

Le 7 décembre suivant, nouvelle réunion, salle Favier, 3,000 ouvriers se rassemblent.

Les citoyens Vaillant et Leboucher se disputent la présidence; une lutte acharnée s'engage entre leurs partis. Les coups de poing, de bâtons, de chaises pleuvent dru comme grêle; du haut des tribunes, les spectateurs jettent sur les combattants tout ce qui leur tombe sous la main. Vaincu, renversé, meurtri, Vaillant cède la place à son heureux rival. Alors commence une orgie épouvantable d'insultes et de bêtises, de menaces et de blasphèmes. Chaque *orateur* prend à tâche d'exciter la haine et les appétits de la populace qui vocifère tout autour.

Un imprudent, nommé Crépin, vient conseiller à ces enragés des réformes sans violence. Saisi aussitôt, arraché de la tribune, écrasé de coups, le malheureux parvient cependant à s'enfuir, suivi de cinq cents personnes jusqu'au boulevard de Belleville, et se jetant dans une voiture, échappe aux violences de la population la plus éclairée, la plus généreuse et la plus *libérale* du globe, le peuple de Paris!

Bel exemple de la liberté de parole!

A la sortie, mêlées d'usage.

Les discussions économiques des ouvriers français, après une lutte oratoire des plus brillantes, se terminent toujours par une lutte effective qui ne l'est pas moins. Après les exercices spirituels (!?) les exercices physiques les plus réchauffants : boxe, canne et savate.

Inutile d'analyser quelques autres de ces innombrables réunions ; toutes se ressemblent : discours violents et risibles, suppression de la liberté de la tribune, désordres et voies de fait, en voilà le programme.

Par contre, le type d'un congrès d'ouvriers modérés est le 4me congrès du centre, tenu à Paris, salle Oberkampf, du 14 au 21 mai 1883. Anarchistes, nihilistes, impossibilistes, séparatistes, collectivistes, etc., se virent exclure de cette réunion, et leurs assauts une fois repoussés après un combat à coups de poing, de pieds et de cannes, on se mit à discuter.

Parmi les résolutions votées à la clôture du congrès, nous détachons les suivantes, utiles à méditer :

« La classe ouvrière, formée en parti politique
« distinct, doit avoir *pour but immédiat* la conquête
« des pouvoirs publics, afin d'accélérer et de rédiger
« elle-même la transformation de la production pri-
« vée en production publique.

« Fixation de la durée de la journée de travail
« à huit heures par une loi d'Etat, avec un minimum
« de salaire fixé par les chambres syndicales et
« autres sociétés ouvrières, et sanctionné par une
« loi.

« Suppression du travail aux pièces.

« Prix double des heures supplémentaires.

« Etablissement, par les chambres syndicales

« d'ouvriers, d'un tarif obligatoire pour les deux « parties contractantes.

« L'édiction de peines, d'amendes contre tous « ceux qui seraient convaincus de faire travailler « au-dessous du tarif accepté par eux.

« Le dégrèvement des impôts.

« Subsides immédiats aux travailleurs.

« Ateliers municipaux pour les ouvriers sans tra- « vail.

« Boulangeries, habitations municipales pour four- « nir aux travailleurs les frais de vie à prix de re- « vient. »

Tel est le type du congrès le plus modéré, puisqu'il fut précédé d'une lutte sanglante contre le parti avancé.

Ce programme demande l'extinction de l'initiative privée,

1° Par la suppression du travail aux pièces;

2° L'uniformité des salaires;

3° La réduction uniforme à huit heures de la journée de travail.

Soyez plus actif, plus intelligent que votre camarade, vous serez traité exactement de même. Inutile de chercher à vous distinguer le moins du monde. Les plus fainéants seront après tout les plus habiles.

C'est la paresse élevée à la hauteur d'une institution.

C'est une manifestation de cet admirable esprit d'égalité qui, en France, frémit à l'idée de toute supériorité d'intelligence, de position, de qualités morales.

Tous médiocres ! telle semble devoir être la devise et le but de la troisième République.

Les résolutions ci-dessus vous montrent comment l'ouvrier le plus despote du monde est en même temps le plus dépendant de cette bourgeoisie qu'il traine dans la boue. Il ne cherchera pas du travail, il ne s'en créera pas. Il faut qu'*on*, c'est-à-dire que l'Etat, la municipalité, la bourgeoisie le lui donne sur place, tout découpé, qu'il lui reste à coudre et rien de plus.

« Ateliers municipaux pour ouvriers sans ouvrage.

« Subsides immédiats aux travailleurs.

Impossible de demander l'aumône avec plus de désinvolture.

En temps de crise, l'ouvrier indigène ne sait que tendre la main. Combien il gagnerait à faire un petit voyage en Angleterre. Pauvre bourgeoisie, c'est avec de pareils instruments qu'il lui faut tenir tête à notre concurrence !

Un journal anglais disait avec raison : « Une réunion d'ouvriers français, par les discours qui s'y tiennent et le déchainement de toutes les mauvaises passions, donnera toujours l'idée d'une assemblée de mendiants, de voleurs, d'incendiaires et d'assassins, d'un troupeau de forçats en liberté [1]. » Osez dire que cette appréciation est exagérée !

Nous avons cité les résolutions votées par la fraction la plus modérée du parti ouvrier au 4me congrès. Hélas ! l'histoire nous apprend que ce groupe, lui aussi, a marché vers le *progrès !*

[1] *Morning Post.*

Le 5me congrès déclare en effet, à la suite d'un vote solennel, que « le remède de la crise industrielle ne peut être cherché que dans l'expropriation de la classe capitaliste par une révolution violente. »

Mais, malheureux ! allez aux colonies, plus nombreuses que leurs colons, retournez aux champs dont vous êtes venus, laissez-nous ceux d'entre vous qui peuvent travailler plus de huit heures par jour, sans craindre le travail aux pièces. Si tous les peuples se montraient aussi faibles et mous, les trois quarts de l'univers seraient encore à défricher.

L'Etat brûle de leur tenir ce langage, il ne l'ose ; les ouvriers ne sont-ils pas les électeurs, les maitres !

Nous avons parlé des colonies ; mais d'abord votre imagination est-elle assez fantaisiste pour se représenter l'ouvrier parisien en pays inconnu, à 200 milles de toute habitation humaine, à défricher des terres incultes ou abattre les arbres d'une forêt vierge ?

Il faut connaître tout ce qu'il y a de superficiel, de mollesse et de relâchement chez lui pour comprendre l'amusant effet que produit cette idée. — Croyez-vous l'ouvrier français viable hors d'une ville française ? D'initiative personnelle il n'en a aucune. Dès qu'il entre dans une gare de chemin de fer, le sentiment de sa supériorité l'abandonne. Il ne sait pas voyager. Il quitte la France et les ténèbres s'épaississent autour de lui. Il entend parler des langues étrangères auxquelles il n'a garde de jamais comprendre un mot. Il s'en indigne. Il n'a aucune idée de la configuration du globe et de ses proportions. Comme les anciens croisés, il demande chaque jour si l'on est arrivé. Pour lui, tout notre système planétaire se réduit à la France entourée de quelques pays vagues mi-civilisés; le reste du monde est peuplé de sauvages.

Il arrive dans la colonie déjà bien découragé. Son premier mouvement est, cela va sans dire, de s'adresser *aux autorités*. Voilà le caractère distinctif du Français, à l'étranger comme chez lui. Le Français auquel il manque des fonctionnaires décorés, le tricorne du gendarme qui le rassure, le Français qui doit lutter seul sans pouvoir se cacher au besoin sous les jupes des *autorités*, ce Français-là se sent un bien petit garçon.

Alors s'ouvre l'ère des désappointements. « J'ai été trouver le gouverneur, j'ai été chez le consul, j'ai vu le chargé d'affaires; on m'a promis du travail, on m'a promis des bons de pain et de viande, on m'a promis ceci, cela ; on ne m'a encore rien donné. Quel fichu pays ! Ni cafés, ni boulevards, ni théâtres comme à Paris. » C'est, bien entendu, sur les fonctionnaires qu'il compte pour se procurer de l'*ouvrage*. Il se pend aux *autorités*, il ne les lâche pas. Jamais il ne lui viendra à l'esprit de s'équiper et s'en aller abattre des arbres à quelque distance des *autorités*.

Sa maladresse physique se complique de sa profonde ignorance. Il ne sait rien de la vie pratique, ni marcher, ni monter à cheval, ni manier une arme à feu, ni résister à une averse.

Après avoir erré comme une âne en peine en tout

comparant à Paris, il parle d'y revenir. Le souvenir de la partie de cartes, de dominos, de billard, l'étouffe ; la soif de faire de la politique et de l'*économie politique* à la salle Lévi, le dévore.

Lorsque, pendant plusieurs semaines, il a traîné dans les antichambres des *autorités*, on se décide de guerre lasse à le rapatrier.

Tel est l'ouvrier exceptionnellement énergique qui, au moins, essaie de quitter la France. La plupart des autres se trouveraient mal à cette idée.

Le Français des colonies a toujours besoin de sa maman, c'est-à-dire de l'Etat. Comment vivre dans un pays sans préfet de police, bureau de bienfaisance ?

Voyez ces milliers d'hommes vigoureux que l'on a transportés à la Nouvelle-Calédonie pour avoir incendié la capitale et massacré leurs concitoyens en présence de l'ennemi. S'ils eussent été Allemands ou Anglais, ce qu'à Dieu ne plaise, cette île compterait aujourd'hui parmi les plus florissantes colonies ; et à l'heure de l'amnistie, bien peu de ces misérables seraient revenus au pays dont ils font la honte ; mais c'étaient des Français, tous traînent de nouveau sur le pavé de Paris et plus pauvres encore que ci-devant. Aussi longtemps qu'a duré leur déportation, ils ont préférer manger le pain de l'Etat et, les bras croisés, attendre le moment du rappel.

Ce sont des convicts anglais qui, de l'Australie, ont fait une des colonies les plus prospères du monde ; mais il y a autrement d'étoffe dans un convict anglais que dans un ouvrier parisien.

Certains oiseaux des îles perdent leur voix en Europe. Le Français, en pays lointain, perd son bagout, par suite il ne reste rien ou peu de chose.

On se trouve en présence d'un vieil enfant, d'une ignorance étonnante des phénomènes naturels, sans qualités pratiques, sans ressources d'aucune sorte; débile et maladif au physique; au moral, sans énergie, découragé par le moindre obstacle. Ramenez-le en France, tout reparaît aussitôt : blagues, fanfaronnades et le sentiment inné de sa supériorité. Voulez-vous rire? demandez-lui de vous raconter ses voyages. Lisez aussi *Tartarin de Tarascon*, c'est écrit par un homme qui connaît son pays.

Si, à l'étranger, l'ouvrier français se cramponne aux jupes des autorités, en France, où il n'a rien à craindre, sa conduite est plus noble : il les foule aux pieds.

A Paris, il forme une secte redoutable par son ignorance, sa naïveté, son intolérance, et dont le poids est lourd dans la balance des destinées françaises.

Il compose une masse sans initiative et sans discernement, qu'un ambitieux vulgaire, s'il a de l'aplomb, la phrase ronflante et le geste dramatique, fera manœuvrer comme un simple polichinelle.

L'ouvrier de Paris vit aux portes du gouvernement, et ici la question des kilomètres prend une importance énorme.

Qui tiendra tête à un mouvement d'ouvriers, si, comme d'habitude, la Chambre affolée perd sa pauvre tête?

Ce n'est pas le bourgeois de Paris, qui au moindre

souffle d'émeute rentre chez lui et ferme ses volets; ni le paysan, qui jamais ne sait de quoi il s'agit; ni le bourgeois de province, qui, depuis un siècle, enregistre sans les commenter les décisions de la capitale.

Si la crapule de Londres ou de Berlin s'avisait d'imposer sa volonté au reste de la nation, c'est à coups de mitraille qu'on en viendrait à bout, aux applaudissements frénétiques des honnêtes gens. Mais la population de Paris tend à devenir une caste sacrée; c'est un sacrilège que d'y toucher et l'on s'y brûle les doigts. Le Français en général, et même l'homme politique distingué, prend de plus en plus l'habitude d'accepter sans opposition ce que la populace, une minime fraction du peuple, porte en triomphe à l'Hôtel-de-Ville.

Ne sont-ils pas un peu excusables ces ouvriers auxquels on parle constamment de leurs droits, jamais de leurs devoirs?

Quand on les a suivis dans leur *carrière politique*, on est surpris de constater l'influence que ces hommes bornés exercent sur la politique d'un grand pays.

Nous avons assisté à nombre de réunions publiques, et nous en sommes toujours sortis écœurés et fortement contusionnés. Qui en a vu une, les a vues toutes. Exemple:

C'était en 1883, à Belleville. Il s'agissait de choisir un candidat pour une élection municipale. Le conseiller sortant, ex-communard, se présentait de nouveau aux suffrages, qu'un deuxième ex-communard lui disputait.

La lutte était chaude, ces deux aimables citoyens possédant le même grand mérite aux yeux des électeurs : celui d'avoir mis le feu à Paris en présence des casques à pointe, massacré leurs concitoyens et donné le dernier soufflet à la patrie envahie. Quelle heureuse recommandation pour le poste de conseiller municipal !

Il est à peu près impossible de donner une description bien exacte des réunions de ce genre, de peindre le chaos.

Si vous pensez qu'on assiste un seul instant à une discussion quelconque ou qu'on y entende une bribe de raisonnement, détrompez-vous de suite ; l'ouvrier français est incapable de discuter.

Comme d'habitude, l'assemblée, par ses hurlements, ses appels au meurtre et au pillage, donnait l'idée d'une réunion de malfaiteurs en convulsions.

Les plus modérés parlaient de mettre la main sur la propriété d'autrui, d'autres conseillaient la dynamite et l'incendie, d'autres enfin préconisaient le meurtre, seule solution de la question sociale.

Au surplus, ce n'étaient pas des hommes, mais de vieilles femmes affolées, enragées, convulsionnaires. Les lambeaux de discours consistaient en une avalanche d'insultes, plus grossières les unes que les autres ; la réponse, une avalanche d'insultes ; les professions de foi, une avalanche d'insultes contre tout ce qu'il peut y avoir de respectable et de distingué dans le pays.

La seule présence à la tribune, non d'un adversaire (il serait mis en pièces), mais d'un orateur qui n'est pas animé au même degré de la rage de destruction, suffit pour exaspérer la moitié de la salle, qui se précipite sur l'autre moitié. Tel est l'esprit d'intolérance qui règne dans ces assemblées.

Quand les partisans de l'orateur l'emportent par le nombre et la force des muscles, il reste maître du champ de bataille, sinon il en est arraché ; malheur à lui si la retraite lui est coupée. C'est le règne absolu de la force brutale.

Pauvres gens ! vous êtes plus excusables que les tristes messieurs dont le métier, le gagne-pain est de vous faire gigoter comme des pantins.

Pour en revenir à notre combat de coqs, au milieu des applaudissements des uns, des hurlements des autres, des fracas de luttes et de chutes, on distinguait les mots ronflants qui font marcher la populace en France : anarchie, peuple de Paris, infâme bourgeois, citoyens, prolétaires, despotisme, etc.

Bien que tous ces éléments travaillent à notre gloire, ce n'était pas sans une certaine mélancolie philosophique que nous voyions se dégrader ainsi l'ennemi de notre race.

Nous pensions aux réunions de grévistes que nous avions suivies à Manchester, l'année précédente. Là, des ouvriers, sans forfanterie, sans aigreur, exposaient de leur mieux les mesures qui leur paraissaient le plus conformes aux intérêts de tous, écoutant sans impatience les observations de leurs camarades.

A ces pauvres anarchistes, possibilistes, séparatistes, partagistes, guédistes, etc., de Paris, nous avions fort envie de crier :

« Vous êtes anarchistes, nihilistes, très bien, c'est

déjà très radical, montrez-vous plus radicaux encore, soyez libéraux. » Nos pauvres membres en auraient souffert !

A côté de nous était assis un ouvrier qui interrompait fréquemment :

« Faut foutre à l'eau tout ce qui n'est pas prolétaire ! »

Une autre fois :

« Faut brûler Ferry avec du pétrole ! »

Une autre fois, en parlant de l'orateur qui, suivant nous cependant, exprimait les idées les plus violentes dans le langage le plus abject :

« C'est un bourgeois, un espion, faut lui casser la gueule ! Malheur ! on nous trahit. »

A la sortie, tandis que chacun parait les coups tant bien que mal, nous retrouvons notre voisin. Il venait d'avoir une *explication* d'économie politique avec un de ses concitoyens ; sa blouse était en lambeaux, son nez saignait.

Nous l'abordons et il nous raconte en chinois qu'un individu, « sans doute un espion payé par le bourgeois, » ayant émis une opinion d'économie politique différente de la sienne, « il lui avait cogné sur le museau, » sur quoi l'autre l'avait mis dans cet état, au nom de la liberté de conscience.

Nous l'emmenons chez le marchand de vin et lui demandons quel système politique a l'honneur de le compter parmi ses adeptes.

— Moi, je suis possibiliste, répond-il d'un ton fier.

A ce propos, remarquez les noms dont s'affublent ces pauvres gens : ils choisissent, pleins d'orgueil, un mot d'une teinture un peu scientifique : possibilistes, séparatistes, etc. Cela ne vous rappelle-t-il pas les enfants qui jouent aux grandes personnes ?

— Qu'est-ce que cela, possibiliste ?

L'ouvrier nous regarde, embarrassé, puis :

— C'est contre le gouvernement, contre le bourgeois, qui suce le prolétaire. (Ce mot lui remplissait la bouche.) Faut foutre tout cela par terre !

Nous exprimons d'un regard notre admiration pour un programme si clair et si précis.

— Dites-donc, mon ami, quelle différence y a-t-il entre le Sénat et la Chambre des députés ?

— La Chambre est plus pour le prolétaire, mais elle est vendue au bourgeois, faut foutre tout cela par terre ; on nous trahit.

Décidément, son programme parait à toute éventualité.

— Sous l'Empire, si vous aviez parlé de la sorte on vous aurait envoyé à la Guyane. Savez-vous ce que c'est que la Guyane ?

— La Guyane, connais pas.

Nous quittâmes ahuris le véritable maitre de la France. Pendant cet entretien, l'indigène nous avait témoigné le plus profond respect ; quand nous sortimes, il ôta sa casquette et, ouvrant la porte, nous fit passer les premiers. Pourquoi ? parce que nous étions habillés de noir et coiffés de chapeaux à haute forme, parce que nous étions des bourgeois enfin.

Molière, où sont tes pinceaux ?

L'enquête parlementaire des quarante-quatre a mis à nu la suffisance et l'ignorance vraiment extraordinaires de l'ouvrier.

C'est très beau de crier : à Berlin ! mais encore faudrait-il savoir si, pour marcher sur notre capitale, il faut se diriger au nord, au sud, à l'est ou à l'ouest. Si elle est distante de 100 kilomètres ou de 400 lieues.

C'est l'ouvrier de Paris qui a crié : à Berlin ! C'est lui qui, pendant le siège de Paris, s'est distingué par son indiscipline. C'est lui qui, en vue de l'ennemi, a mis le feu à la ville après avoir fusillé ses officiers, des prêtres et des concitoyens sans défense. Victor Hugo éclate d'indignation en apprenant que nous avions lancé quelques obus sur la Ville-Lumière ; il rassemble ses forces pour glorifier la crapule qui, sous nos yeux, la livra aux flammes.

Ce dut être un beau et terrible moment, que celui où nos concitoyens, cantonnés autour de la grande ville, virent s'élever cette brillante lueur leur annonçant qu'un allié inespéré achevait la ruine et l'humiliation de la France envahie.

Que pensez-vous d'un pays dont le Parlement en est réduit à proposer et voter cet ordre du jour : « La Chambre, confiante dans la fermeté du gouver- « nement à faire respecter le *drapeau national*, passe « à l'ordre du jour » (26 mai 1885) ?

Faire respecter à l'étranger ? non, en France. — Aux étrangers ? non, aux Français.

Que penser d'un Parlement où l'on entend, dans la même séance, un député[1] s'écrier impunément : « J'ai été en prison pour la Commune et je m'en honore ! » ?

[1] M. Clovis Hugues.

Que penser de citoyens qui insultent jusqu'à l'idée même de la patrie, dans une réunion où le *Grand Patriote* défend sa candidature ?

Il est de ces circonstances où la dernière lueur de patriotisme semble s'éteindre dans le cœur des Français.

C'est ainsi, par exemple, que le premier janvier 1884, la salle Gaffard se remplissait de *citoyens* (amère ironie) venus pour proposer l'érection d'un monument aux fédérés et à Delescluze.

L'assassin Cyvoct est nommé par acclamation président d'honneur ; à quand le tour de Troppmann ?

M. Joffrin, conseiller municipal, dit qu'il proposera à l'assemblée dont il fait partie de donner à deux rues de Paris les noms de Blanqui et Delescluze. Après une violente apologie de la Commune par le citoyen Chauvière, le citoyen Allemand soutient qu'en souscrivant à l'œuvre, Paris prouvera à cette société pourrie qui détient le pouvoir, qu'il existe encore des citoyens animés des mêmes sentiments que leurs frères de 1871.

A la sortie on chante la Carmagnole.

Voilà un type de ces réunions que l'assemblée municipale encourage de toutes ses forces, et dans lesquelles ses membres font entendre les discours les plus odieux.

Le nouveau Conseil de Paris, dès sa première séance (4 juin 1884), donne toute la mesure de son patriotisme.

Après l'échange usuel d'insultes et de grossièretés, le citoyen Vaillant demande que :

« Le Conseil honore et célèbre, par un acte public, « la mémoire des citoyens de la Commune de 1871, « morts pour la défense des droits du peuple et de « la république, en décidant que le terrain de sépul- « ture des fédérés sera clôturé aux frais de la ville. »

M. Marius Martin dit que cette proposition devrait être renvoyée à la commission de la voirie ou à la commission des eaux et égouts.

Après cela il faut tirer l'échelle.

Grattez le vernis du Français, combien vite vous trouverez le sauvage.

Jamais, croyons-nous, il n'a été donné au monde civilisé d'assister à une scène aussi épouvantable que cette noyade du sergent de ville Vincentini par la population de la grande ville.

Quand les ouvriers de toutes sortes que les prodigalités de l'Etat et des municipalités ont attirés dans les grandes villes se trouvent sans ouvrage, parce que le trésor est vide, quand cette classe aimable de la population menace de tout mettre à feu et à sang si on ne lui donne pas les moyens de vivre *en ville*, au lieu de laisser s'écouler peu à peu ce surcroît de population qui ne répond à aucun besoin normal et régulier, le gouvernement timide dont jouit la France, pressé par la section radicale du Parlement, par les conseils municipaux, par tous les fonctionnaires éligibles, s'épuise à répandre sur la classe ouvrière les dernières ressources du pays, et, au lieu de conjurer l'orage, ne fait qu'en retarder le déchaînement en retenant les ouvriers à la ville et en y attirant les populations rurales pour lesquelles on ne fait rien.

Voyez-vous jamais l'Etat venir en aide à l'ouvrier

des campagnes ? Entendez-vous parler de lui à la Chambre, dans les journaux ?

Non, jamais.

Pourquoi ?

Parce que l'agriculteur ne se révolte pas, ne menace pas, n'a pas les mêmes moyens de le faire que l'ouvrier des grandes villes, et que le gouvernement se sent hors de son atteinte, tandis qu'il est dans les griffes de l'ouvrier parisien.

C'est donc à ce dernier, et à lui seul, que seront jetées les dernières miettes du budget.

IV

Industrie (suite). — Comment on doit *faire l'article.* — Marquer le pas, c'est reculer. — Portrait du commerçant français, par l'*Economiste.* — Prospérité des maisons étrangères en France. — Services rendus par les étrangers. — Les fournisseurs du ministre de la guerre. — Dépositions navrantes à la Commission d'enquête. — Déclin de l'industrie du sucre, de la soie. — Exportation des charbons. — Quelques chiffres extraordinaires. — Dangers de la protection. — De quelques bâtons dans les roues du commerce français. — Moyens de transport, octrois. — La politique et le commerce. — Sedan et la clientèle du monde.

C'est avec de tels ouvriers que la bourgeoisie doit tenir tête à la concurrence ! Mais le bourgeois lui-même n'a-il point contribué à la déroute générale ?

Tranquillement assis derrière son comptoir, il est surpris de ce que de moins en moins on vienne lui demander sa marchandise.

Il semble ignorer que son ancienne clientèle, en France et à l'étranger, est visitée à toute heure de la journée par des essaims de commis-voyageurs allemands, anglais, américains, etc., qui se l'arrachent, qui connaissent ses goûts, ses fantaisies, ses besoins, ses moyens, sa langue. Pourquoi cette clientèle, sollicitée de tous côtés, qui voit, qui palpe la marchan-

4

dise, qui en apprend le prix sans sortir de chez elle, s'en irait-elle frapper à la porte du négociant français ? Il ne sait que gémir sur le calme des affaires et se plaindre du gouvernement.

Lancer des voyageurs, répandre les prospectus, en couvrir le monde, laisser partout son nom, son adresse et ses échantillons ; d'autre part, questionner, récolter tous les renseignements sur les produits rivaux, leurs prix, l'outillage qui les a créés, étudier la question des transports, des douanes, analyser les goûts et les ressources du client, tout cela parait bien pénible, bien fatigant au Français de la décadence.

Certes, vous pouvez citer certaines maisons d'une réputation hors ligne qui peuvent se permettre d'attendre le client sans faire un pas vers lui. Et encore ?

Appartenez-vous à celles-là, voisins ?

Cet engouement pour les articles français, ce monopole du goût décerné à la France, cette fantaisie de tout acheter chez vous, tout cela vous a gâtés, vous a persuadés qu'il n'y avait plus de progrès à faire ; et tandis que les autres se portaient en avant, vous avez marqué le pas.

Par droit de naissance, vous restez la grande nation, vous le placardez sur toutes les murailles, vous en tapissez vos devantures, cela ne vous fera pas vendre quarante sous une poupée que nous livrons pour un mark.

« Visitez l'Italie, l'Espagne, l'Angleterre, l'Orient.
« Partout, en chemin de fer, à table d'hôte, vous
« trouverez des Anglais ou des Allemands, voire
« même des Américains, presque jamais de Fran-

« çais ; et encore, s'il y en a, ce sont des touristes et « non des commerçants. Dans les pays lointains, « les maisons françaises sont aussi rares que les « maisons allemandes ou anglaises sont nombreu- « ses[1]. »

En bouclant vos livres un 31 décembre quelconque, il faudra bien constater que la clientèle s'en va.

Allons ! quittez le coin du feu et venez apprendre à Berlin comment nous y fabriquons à si bon compte l'article de Paris.

L'*Economiste français* du 9 février 1884, sous la rubrique *Infériorité du commerce français*, s'exprimait ainsi :

« Le commerçant français est intelligent, mais il « manque d'initiative et il a rarement ce qu'on « appelle le génie des affaires.

« Il voit juste, mais il ne voit pas loin. Il est pru- « dent enfin, et il est économe, mais ces deux quali- « tés dégénèrent fréquemment en une timidité ex- « trême qui l'empêche de rien entreprendre, de rien « risquer. Il a peur, comme on dit vulgairement, de « se noyer dans un crachat, et par crainte de perdre « cent francs, il manque d'en gagner cent mille. A « cette timidité mesquine se joint un autre défaut, « plus fâcheux encore : la paresse, qui empêche le « commerçant et l'industriel français de s'instruire, « de perfectionner leurs moyens d'action, d'étendre « le cercle de leurs affaires. Ils veulent bien travail- « ler, mais à condition que le travail ne les oblige « pas à sortir de leurs habitudes et à tenter des efforts

[1] Ch. Thierry-Mieg : *La France et la concurrence étrangère.*

« insolites. Avec de telles dispositions, on a peu de « chances de l'emporter sur les autres dans le grand « *struggle* de la concurrence internationale qui, en « dépit des barrières protectionnistes, est la condition « du progrès, et où la victoire demeure toujours au « plus courageux, au plus actif, au plus hardi. C'est « là que vraiment la fortune sourit aux audacieux. « Mais les audacieux, hélas ! ce n'est pas nous. »

Suit une description lamentable du déclin rapide du commerce français dans l'Amérique du Sud, les îles espagnoles de l'Océanie, et le développement proportionnel de nos exportations.

L'auteur observe avec mélancolie que l'article de Paris venait jadis de Paris ; il vient maintenant de Berlin !

Cette particularité significative est bien amusante.

Le sénateur Corbon, dont la compétence en matière industrielle est connue, disait, le 5 mars 1884, à la Commission d'enquête :

« Les différences entre la France et l'étranger « pour l'habileté de la main-d'œuvre vont tous les « jours en s'atténuant. On a fait peu de progrès en « France au point de vue de l'outillage et de la façon. « Les industriels français n'ont pas assez tenu compte « des avertissements que leur ont donnés les jurys « d'expositions sur les progrès de la fabrication « étrangère. »

L'*Economiste français* (29 mars 1884) dissipe enfin les dernières illusions :

« Nous ne nous lasserons donc pas de répéter que « l'industrie française, dans son ensemble, comme « aussi le commerce, courent les plus graves dangers

« et qu'il n'est que temps d'agir énergiquement pour « conjurer le péril...

« Nos négociants, du moins la majorité, *manquent « souvent des connaissances indispensables*. Ils ne « s'ingénient pas assez pour déterminer leurs prix « d'achat et les frais accessoires ; ils hésitent, au « contraire, à faire les frais nécessaires, dussent-ils « être productifs. Leur confiance en eux-mêmes est « exagérée ; *ils n'admettent pas la supériorité d'autrui, « même sur un terrain limité*, et ne s'efforcent pas « de rester en avant. Ce n'est pas la capacité intel- « lectuelle qui leur manque, c'est l'effort intellectuel « devant lequel ils reculent. Si ces mœurs déplora- « bles ne changent pas, *l'avenir économique de la « France nous apparaît sous un jour des plus « effrayants*. Nos industries sont tuées ou ruinées par « les progrès des exportations étrangères au dehors « et au dedans, tandis que le commerce français « proprement dit passera peu à peu dans les mains « des étrangers émigrés. N'est-ce pas déjà le cas des « plus belles branches de notre industrie ?

« La papeterie, la fabrication du sucre, où nous « exercions jadis la suprématie, sont fortement battues « en brèche par l'Angleterre, la Belgique et l'Alle- « magne. Les Etats-Unis perfectionnent leurs soieries ; « l'Allemagne, la Suisse, l'Italie font de même, et « leurs progrès sont certainement plus marqués que « ceux de notre industrie lyonnaise. C'est en Hon- « grie que la menuiserie est le plus perfectionnée. « La distillerie allemande est tout au moins égale à la « nôtre. Les produits chimiques d'Allemagne nous « dépassent, et les facteurs de la disparition de notre

« ancienne hégémonie ne sont pas tous dus à notre « système fiscal.

« Pour le commerce en Champagne, dans les Cha- « rentes, dans le Bordelais, un grand nombre de « maisons de premier ordre sont d'origine étrangère. « A Paris, les principaux commissionnaires exporta- « teurs sont en grand nombre étrangers. En pro- « vince, certaines manufactures sont également pos- « sédées par des étrangers. Bref, la France et la race « française sont également attaquées au dehors et au « dedans, et il vaut mieux montrer leurs plaies que « de les dissimuler. »

Bientôt, la France ne pourra opposer à l'industriel allemand en Allemagne que l'industriel allemand en France.

« Bien longtemps avant la guerre de 1870, ce que « nous appelions ici *notre* commerce d'exportation se « faisait principalement par des commissionnaires « allemands établis à Paris, et qui servaient d'inter- « médiaires entre le producteur français et le véritable « exportateur qui était l'armateur de Hambourg. Au « Havre, à Marseille, à Bordeaux, les négociants « Allemands auxquels je pourrais joindre les Alsa- « ciens et les Suisses, furent les vrais initiateurs du « commerce d'exportation français, et les maisons « françaises, qui aujourd'hui font ce commerce, ont « presque toutes été fondées par des étrangers [1]. »

Admirez ce manque de logique !

C'est maintenant que la France, cette place assié- gée, a plus que jamais besoin de l'élément étranger

[1] Ch. Thierry-Mieg

pour résister aux assauts de la concurrence, et c'est maintenant que l'on s'amuse à molester les ouvriers, les employés, les industriels émigrés, qu'on parle de les taxer!

Vous méritez que les gouvernements belge, allemand, suisse, italien, interdisent à leurs sujets l'entrée du territoire français.

Imprudents! loin de nous chasser, essayez de nous attirer en plus grand nombre.

Ignorez-vous combien il est désastreux pour les maisons allemandes d'avoir à vous fournir ces contingents de transfuges! M. Thierry-Mieg, qui voit juste, appelle à cor et à cri les étrangers à la rescousse: que les maisons françaises, dit-il, s'adressent à de jeunes étrangers, des Suisses, par exemple, plutôt que de rester dans le *statu quo!*

« Avant la guerre, quantité de jeunes Allemands « venaient en France où ils se procuraient facilement « des positions meilleures que chez eux, tout en « satisfaisant leurs chefs qui trouvaient en eux, à « salaire égal, plus de connaissances pratiques, plus « d'instruction et plus de sérieux que chez de jeunes « Français du même âge. »

Il déplore que depuis 1870 cette immigration se soit ralentie. « Au lieu de travailler pour nous, main- « tenant ils travaillent contre nous. »

M. Reinach, le banquier de Paris, observe dans la préface de son livre sur les annuités, que pour tout calcul de banque tant soit peu compliqué, il faut s'adresser à des commis suisses ou allemands.

Primez les étrangers; pour l'amour du ciel! ne les taxez pas!

Telle est en un mot l'éclatante supériorité des étrangers en certaines matières, qu'en France les grandes compagnies de chemins de fer, les grandes sociétés par actions et, parfois, l'Etat lui-même s'adressent aux Allemands, aux Anglais, aux Belges de préférence aux Français pour certaines fournitures, certaines adjudications de travaux. Combien doit être grand leur avantage en agissant de la sorte, pour imposer silence à leur chauvinisme, surtout en ces temps de misère nationale.

Elles sont nombreuses, les maisons allemandes, — c'est à peine croyable ! — qui ont coopéré au relèvement des *fortifications* de la frontière française et à la construction des nouveaux forts !

De temps en temps, tel ou tel journal, tel ou tel député élève la voix contre ces témoignages éclatants de mépris pour l'industrie de son pays. Ce n'est pas cela qui empêche les Français et leur gouvernement de s'adresser à nous.

Le ministère de la guerre, lui-même, évince le commerce français, dès que faire se peut.

Coup sur coup on s'aperçoit :

Qu'il achète aux Allemands le salpêtre dont il fabrique sa poudre.

Tapage dans les journaux.

Que les blés destinés à l'alimentation des troupes viennent de l'étranger.

Tapage à la Chambre, question au ministre, interpellation.

Que ses approvisionnements de viandes conservées sont livrées par des négociants de La Plata.

Nouvelle polémique !

Tout le matériel nécessaire au percement de l'isthme de Panama s'est construit à Glasgow, en Belgique et en Hollande.

Le *Matin* s'en plaint amèrement : « l'industrie « française est dans un tel marasme qu'il est naturel « de voir le Grand Français[1] venir au secours de « l'industrie étrangère. »

Après le passage à Paris du roi-uhlan, nombre de maisons françaises publièrent à grand fracas qu'elles allaient rompre toutes relations d'affaires avec nous. Combien de temps ce beau zèle a-t-il duré ? au moins quinze jours.

Les dépositions navrantes des patrons et ouvriers français devant la Commission d'enquête parlementaire ne sont que des aveux répétés d'impuissance. La ruine de l'industrie, l'incapacité des industriels, la misère qui, chez les ouvriers, prend un caractère menaçant, voilà le résumé de toutes ces lamentations.

Ce procès de la France par les Français a dû relever singulièrement son prestige à l'étranger et augmenter le nombre de ses clients.

Cette procédure de la Commission d'enquête, c'est le défilé de la population industrielle qui vient, tête basse, reconnaître sa défaite et proclamer notre triomphe.

Pour se faire une idée bien nette de la situation, il convient d'étudier le tableau qui donne le chiffre des importations de chaque pays depuis 1874.

C'est de l'Angleterre et de l'Allemagne que les dif-

[1] M. de Lesseps.

férentes nations importent le plus. Les Etats-Unis augmentent singulièrement le chiffre de leurs affaires.

La France ne vient qu'au 3me rang, souvent au 4me et même au 5me.

On est frappé de la voir chaque année céder le pas à telle ou telle autre nation pour telle ou telle importation ; du 3me rang passer au 4me, du 4me au 5me, sans jamais regagner le terrain perdu.

Ce tableau des différentes importations du monde entier, pendant les dix dernières années, présente un aspect saisissant ; on croirait assister à une course dans laquelle la France épuisée et mal montée se laisserait dépasser par tous ses concurrents, l'un après l'autre.

Parlons de deux articles qui attirent en ce moment l'attention générale : le sucre et la soie.

L'Allemagne a exporté en

1874-75	12,000	tonnes de sucre,	la France	327,000
1875-76	57,000	—	—	372,000
1876-77	62,000	—	—	180,000
1877-78	99,000	—	—	269,000
1878-79	141,000	—	—	202,000
1879-80	137,000	—	—	186,000
1880-81	298,000	—	—	161,000
1881-82	320,000	—	—	161,000
1882-83	482,000	—	—	164,000
1883-84	600,000	—	—	184,000

Tandis que, dans cette période de 1874-1884, les exportations françaises ont diminué de 45 %, les exportations allemandes sont devenues 50 fois ce qu'elles étaient il y a dix ans.

« L'Allemagne perfectionne constamment ses procédés d'extraction, la France continue à se servir de procédés vieillis, abandonnés partout ailleurs, » nous dit M. Ch. Petitjean, qui commente ces chiffres. « La sucrerie française, comme bien d'autres branches d'industrie, ne s'est-elle pas endormie à l'ombre d'une supériorité, hélas! disparue? »

La seule ville de Crefeld exportait en France, en 1878, pour fr. 4,535,091 de soieries fabriquées, en 1883 ce chiffre s'élevait à fr. 8,106,803, soit à presque le double.

Vous êtes surpris? Contemplez l'ouvrier lyonnais, courbé sur son antique métier, cherchant à lutter contre nos machines à vapeur!

La Suisse inonde les marchés français d'étoffes, de rubans, de soieries à bas prix, voire même de papier, malgré les droits écrasants que supportent ces articles à leur entrée en France.

Un journal de Paris disait il y a quelque temps, en parlant des Allemands : « Ils importent leur cognac jusque dans la Charente! »

Un seul fait vous donnera une idée de la décadence de l'industrie charbonnière.

En 1879, d'après un rapport du consul anglais à Gênes, cette place importait de France 20,000 tonnes de charbon, et d'Angleterre 470,000. Or, en 1883, l'importation des houilles anglaises à Gênes s'est élevée à 830,000 tonnes, tandis que l'importation des charbons français est descendue au chiffre dérisoire de 6,000 tonnes.

Et les importations augmentent, augmentent, augmentent, malgré les taxes d'une protection presque prohibitoire.

Nous serions les derniers à renier nos principes libre-échangistes, cependant en ce qui concerne l'*industrie* (entendez bien) l'*industrie* française, il faut avouer que la protection est un mal presque nécessaire. Elle gène l'exportation, direz-vous ; d'accord, mais cette exportation doit forcément diminuer d'année en année.

Si, malgré la protection, le pays ne peut résister à l'invasion des produits étrangers, comment admettre que la France soutienne la lutte à armes égales dans les pays d'outre-mer.

Vous imposez à un jockey une surtaxe de 10 kilogrammes et il vous devance. Vous l'en affranchissez et prétendez le battre !

Si l'on veut assurer aux industriels français au moins la clientèle française, il faut barrer le chemin aux produits à bon marché qui viennent du dehors. Vous ne pouvez pas vous attendre à ce que les Français, écrasés d'impôts, de charges innombrables et de frais généraux, dont ils sont incapables de réduire le chiffre, fabriquent dans les mêmes conditions que leurs voisins ; il est juste que le gouvernement, s'il les accable de taxes et de servitudes, leur accorde une protection farouche.

Les Français fabriquent très cher des articles qu'ils se vendent entre eux. A cela nous n'avons rien à dire.

Le libre-échange en France serait pour l'*industrie* le signal d'une débâcle épouvantable.

Vous êtes battus derrière un mur et voulez le renverser !

M. Paul Leroy-Beaulieu, M. Thierry-Mieg ne sont

pas de notre avis. M. Mieg se préoccupe avant tout du commerce d'exportation :

« Nos industriels insistent pour qu'on élève les « droit d'entrée en France. Je comprends que ce « moyen puisse empêcher l'invasion en France des « produits allemands, mais je ne vois pas comment « il pourrait augmenter nos affaires à l'exportation, « et c'est là qu'elles sont vraiment menacées. Au « contraire, ces craintes, ces demandes de protec- « tion font très mauvais effet sur l'étranger, qui en « conclut que la France est incapable de lutter « contre l'Allemagne, et cela le décide définitivement « à lâcher le producteur français.

« Quand l'autruche craint l'approche du chasseur « elle se cache la tête dans le sable. Ne faisons-nous « pas de même quand nous nous protégeons en « France, pour ne pas voir que nos concurrents « étrangers nous enlèvent nos marchés d'expor- « tation ? »

L'économiste français est trop absolu, toutes les médecines sont des poisons, c'est vrai ; nous en défendons l'usage aux hommes sains, nous le conseillons aux malades.

La protection ! quel merveilleux oreiller de paresse pour un peuple démoralisé !

Ce que, malgré toute notre bonne volonté, nous ne parvenons pas à comprendre, c'est que chez lui, le Français semble au plus haut point désireux de mettre des bâtons dans ses roues. Passe encore de tracasser l'étranger, mais se tracasser soi-même !

Les octrois et les difficultés de transport paralysent le commerce intérieur.

M. Rivet, président de la chambre syndicale des halles centrales de Paris, a prononcé le 5 mars 1884, un discours dont nous extrayons le passage suivant :

« J'ai visité, il y a quelque temps, l'Italie, l'Au-« triche, la Hongrie, l'Allemagne et l'Angleterre ; « dans tous ces pays, j'ai constaté que les gouver-« nements armaient ou avaient armé leur commerce « de façon à bien résister à toutes les atteintes du « nôtre et à prendre l'offensive contre nous au be-« soin... Le prix de transport est au commerce ce « que le fusil est au soldat. Sa portée et sa vitesse « donnent sur le vaste champ de la liberté univer-« selle le gain des batailles commerciales et sauvent « le pays de l'envahissement....

« Or, de Paris à Vienne, par exemple, le transport « est bien plus élevé que de Vienne à Paris, si bien « que nous pouvons facilement recevoir et difficile-« ment envoyer. Notre arme porte à moitié chemin « et celle de notre adversaire commercial peut nous « frapper en plein cœur.

« L'Allemagne est la plus acharnée dans cette « lutte et la mieux organisée.

« Ses chemins de fer marchent militairement. L'Etat « les dirige ; les prix sont beaucoup au-dessous des « nôtres ; ils étendent leurs tentacules sur l'Italie et « l'Autriche-Hongrie, au moyen d'agents postés sur « les points importants.

« Les agents cherchent le client, lui présentent « des tarifs inférieurs aux nôtres, et enlèvent aux « lignes françaises, qui maintiennent leurs prix éle-« vés, totalité ou partie du travail qui les faisait « vivre...

« Les chemins de fer français transportent à meil« leur compte de Milan à Londres que de Milan à « Paris, et la vitesse est plus grande. »

Les tarif élevés ne contribuent guère à la prospérité des compagnies. Il faut dire que depuis quelques années la circulation totale des marchandises en France diminue singulièrement. Le cours des actions de chemin de fer peut servir de thermomètre à cette circulation. Comparez la cote du Nord, de l'Ouest, de l'Est, du Midi, de l'Orléans, du Paris-Lyon-Méditerranée en 1876 et 1885. Quelle dégringolade ! et les spéculateurs à la baisse ont encore de la marge.

M. J. Orsat, dans son livre sur *La véritable influence de la ligne du St-Gothard sur les intérêts français*, apprécie la situation fort exactement.

L'article de fantaisie paie 11 fr. 76 par cent kilos de Paris à Milan et 8 fr. 86 de Cologne à Milan, les marchandises ordinaires 6 fr. 68 et 4 fr. 63 respectivement. S'il veut lutter, le commerçant français doit par suite réduire ses prix de revient de 30, 40 et même 50 %.

La ligne du Gothard, grâce à ses transits directs, accapare la majeure partie des échanges commerciaux de l'Angleterre, la Belgique, la Hollande et l'Allemagne avec l'Italie et menace de faire passer les départements du Nord et du Nord-Est dans sa clientèle.

Quant aux départements de l'Est, dit M. Orsat, il n'en est déjà plus question. Le Gothard a pu les englober presque dès le principe. Le chemin de Cologne à Barcelone, sinon le moins court du moins le meilleur marché pour les marchandises, ne passe plus par Paris, mais par Gênes. Aussi de 1880 à 1883 le mouvement commercial entre l'Allemagne et l'Epagne a-t-il plus que *doublé*.

Quant à l'Italie, dit-il, l'Allemagne s'est arrangée de manière à ce que la lutte y devienne impossible pour tout autre concurrence.

Nous ajouterons que M. Salis, député de l'Hérault, citait, à une commission de la Chambre, ce fait à peine croyable que les blés d'Algérie paient un transport de 3 fr. 55 plus élevé que les blés venant des Etats-Unis d'Amérique [1].

L'impôt exorbitant sur la grande vitesse rend impossible en France une rapide circulation du sang.

M. Rivet demande la suppression des octrois, qui pèsent d'un poids énorme sur les prix des denrées alimentaires et augmentent dans la même proportion la cherté de la vie et le prix de la main-d'œuvre.

« Grâce à l'octroi, il faut en un mot que Paris offre « des cours plus élevés de 10 à 20 % que Londres, « par exemple, pour que le producteur risque de « nous envoyer les denrées dont nous avons be- « soin ! »

Oui, mais les villes françaises sont toutes criblées de dettes, dont il faut payer les intérêts.

Nous trouvons une cause très effective du déclin de l'industrie dans l'incertitude de la politique française.

Le bourgeois est timide ; le provisoire, devenu chronique, l'inquiète. L'idée que dans un moment

[1] *République française*, du 19 octobre 1884.

critique, personne ne prendra les rênes en mains, que les pauvres hères du Palais-Bourbon vont perdre la tête comme lors de la proclamation du prince Napoléon, et que le char de l'Etat ira se jeter dans le premier bourbier, tout cela n'est pas fait pour l'encourager beaucoup.

En France, il y a constamment quelque chose dans l'air ; toujours on s'attend à du nouveau ; l'atmosphère est chargée d'électricité. Le capitaliste y est nerveux. Quand on l'effraie, il ne reparait plus de sitôt.

Ah ! qu'un despote intelligent, à la main de fer, au gant de velours, ne vient-il détendre la situation et ramener la fraîcheur !

Si, à ces considérations de la politique, on joint les embarras financiers de l'Etat, c'est-à-dire de la nation, l'attitude de plus en plus menaçante de la population ouvrière, ses exigences croissantes, le frottement perpétuel du capital et du travail, les insultes, les menaces auxquelles sont en butte les capitalistes qui prêtent leurs ressources à l'industrie, la concurrence qui déborde de toutes parts, on comprendra que la bourgeoisie inquiète, fatiguée de ces luttes sans fin, retire ses capitaux pour les placer surtout en fonds d'Etats étrangers. L'importance de ces achats à Londres en est une preuve non équivoque.

« Etonnez-vous que l'industrie reste stationnaire « chez nous, que les capitalistes et les manufactu- « riers hésitent à immobiliser leurs capitaux en bâti- « ments et en machines, alors qu'ils risquent de voir « leur fortune détruite en un jour, par les exigences

« de leurs ouvriers que l'attitude des pouvoirs pu« blics encourage à violer leur engagements, tandis « qu'en les plaçant simplement en valeurs de Bourse, « ils ont pu, sans travailler, doubler leur fortune en « quelques années ! »

« Il n'en est pas de même dans les pays **vraiment « démocratiques**, en Suisse, par exemple. »

L'industriel aisé aimera mieux faire de son fils un avocat, un artiste, un médecin, un fonctionnaire, que de lui donner la succession de ses affaires. Il lui assure ainsi une existence plus agréable et plus facile que la sienne.

En 1882, on comptait en France 2,148,173 individus vivant de leurs revenus ou pensions. Ce chiffre est énorme. Autant d'intelligences, de capitaux perdus pour l'agriculture et l'industrie, autant de citoyens qui ont renoncé à pousser le char de l'Etat.

En 1869, sous l'Empire, le nombre des rentiers et des pensionnés restait inférieur à 1,900,000.

Comment expliquer cette différence ?

La France s'est-elle enrichie depuis (?) ou s'est-elle dégoûtée du travail ?

N'oublions pas, enfin, quel préjudice a porté à la France la perte de son prestige militaire.

La chute de Sedan, la chute de Metz, où la France a laissé une partie de ses plumes, tout cela fait à son commerce plus de mal qu'on ne le pense généralement.

L'enseigne est toujours la même :

« A la Grande Nation, premiers produits du monde entier, » mais elle est singulièrement ternie, démodée. On a mieux que cela maintenant, et la boutique ne répond plus aux promesses de l'enseigne.

On va nous accuser de partialité, nous en appelons à M. Thierry-Mieg, le moins chauvin de tous les Français :

« C'est une erreur de croire que les Allemands ne « vendent à l'étranger qu'en couvrant leur marchan- « dise du pavillon français. Ce sont de ces glorioles « que nous avons la faiblesse d'admettre pour nous « consoler de nos échecs.

« La vérité est que les Allemands vendent sous « leur propre étiquette, et que bien des acheteurs à « l'étranger, en Italie, en Espagne, en Amérique et « ailleurs, préfèrent, en connaissance de cause, les « produits allemands aux produits français, et achè- « tent aux Allemands par sympathie politique autant « que par des raisons commerciales sérieuses.

« Beaucoup sont enchantés de pouvoir se passer « des Français. Nous avons toujours eu la faiblesse « de croire que l'étranger nous aimait (!?)

« Quand on nous le dit par simple politesse, nous « avons la naïveté de le croire ; et il nous faut des « révélations comme la colère des Italiens lors de « l'expédition de Tunisie pour nous rappeler à la « réalité ; ou bien encore il faut que nous nous aper- « cevions que nous sommes isolés en Europe, et « n'avons aucune alliance, pour comprendre que, si « nous pouvons être sympathiques à certains indi- « vidus, cela ne prouve rien pour la masse. Il ne « faut pas humilier son hôte, en lui montrant sans « cesse qu'on se croit supérieur à lui.

« Autrefois on n'aimait pas le Français plus que « maintenant, mais on le craignait et on le flattait.

« Depuis nos revers, on ne le craint plus, on se « borne à l'oublier.

« La France ne compte plus politiquement dans le « monde, à cause de la réserve que lui impose sa « situation ; et, comme les courtisans vont aux vic- « torieux et aux puissants du jour, la mode aban- « donne peu à peu les produits français pour ceux « de l'Angleterre, de l'Allemagne, voire même de « l'Autriche et de l'Italie, ses alliés.

« Personne ne pense à la France ; on la considère « comme ayant abdiqué. »

Jamais nous n'aurions osé nous exprimer aussi franchement. Inutile toutefois de nous demander si nous partageons les sentiments de M. Thierry-Mieg !

A qui les Turcs, les Chinois, les Japonais et autres peuples désireux, les uns de se relever, les autres d'élever le niveau de leur civilisation, vont-ils demander des armes, des matériaux, des ingénieurs, administrateurs, officiers, professeurs ?

C'était à la France, c'est à nous maintenant, depuis 1870.

Décidément, le monde a changé de fournisseur !

V

La bourgeoisie française — Festin du budget. — Infirmités du grand âge — L'enseignement à la française. — La théorie en tout et partout. — Les illettrés en France et en Allemagne. — L'orthographe. — Les études classiques. — Etude des langues au lycée, détails amusants. — Le Français à l'étranger. — Ce qu'un Français retient d'histoire, de géographie. — Ecoles de commerce, écoles agricoles. — Le petit Français de M. Cornely. — Manie de tout faire apprendre par cœur. — Description d'un lycée. — La vie du lycéen. — Revanche de la nature. — La jeunesse en Angleterre et en France. — L'éducation morale est nulle de par la loi. — Insouciance religieuse, conséquence d'un état maladif de l'esprit — Le Conseil municipal de Paris et le culte religieux. — Le Français n'est pas libre-penseur. — L'insouciance religieuse prélude d'une grande révolution. — Education du corps. — Décadence de la race. — Influence de l'internat sur le développement du corps.

Dans la bourgeoisie de tous les degrés, nous retrouvons la partie responsable de la nation, celle qui détient les capitaux, qui a l'intelligence et l'intruction, qui, par suite, dirige l'agriculture et l'industrie, administre toutes les affaires du pays, qui en un mot tient le gouvernail.

Ces attributions, l'ouvrier ne pourra jamais les lui enlever, par la simple raison que les corps lourds restent au fond de l'eau, les corps légers à la surface. Une tempête soulève les ouvriers, submerge les bourgeois, mais le calme revenu, les ouvriers vont regagner le fond, les bourgeois reparaissent à la surface.

Quant à la noblesse, elle n'a pas survécu à la grande révolution. Ce qui peut en rester encore n'a plus voix au chapitre.

Et voilà : les finances de l'Etat sont livrées au gaspillage, la bourgeoisie a déserté les champs et commence à déserter l'atelier. Le gouvernement, sans prestige, sans autorité, végète au jour le jour. Par sa faiblesse, la bourgeoisie a voué la France au régime des incertitudes qui la tue ; elle l'a condamnée à la lèpre dévorante du fonctionnarisme, maladie purement bourgeoise, et l'hypertrophie de l'Etat fait tous les jours des progrès menaçants.

Une seule chose la préoccupe, c'est l'Etat et son budget. Un budget que l'on a réussi à enfler jusqu'au chiffre formidable de fr. 3,800,000,000, sans compter l'extraordinaire, un budget que personne ne défend, entre les mains exclusives de la bourgeoisie, permet à une immense population bourgeoise de banqueter, sans souci de la crise commerciale.

L'ouvrier n'est pas encore arrivé jusqu'au budget. Il le contemple à travers les vitres et assiste, l'estomac vide et l'eau à la bouche, à l'immense festin auquel personne ne le convie. Ses cris de fureur remplissent les airs. C'est en vain ! La porte est bien gardée.

Quelque faible et craintive qu'elle soit, la bourgeoisie défendra son budget jusqu'à la mort. C'est à peine si elle en jette quelques miettes, quelques millions pour célébrer tel ou tel anniversaire, et permet ainsi à l'ouvrier de retirer périodiquement ses matelas du mont-de-piété.

Pour arriver au budget il faut arriver au bureau, à l'administration, et on n'y est pas reçu en blouse. Cependant l'ouvrier y lirait son journal, s'y chaufferait les pieds aussi bien que tout autre.

Un économiste français écrivait il y a quelque temps : « Les capitaux sont allés jouer à la Bourse et les bras gratter du papier. » Bien dit !

Comparée à la même classe en Angleterre et en Allemagne, la bourgeoisie française vous donnera l'idée d'une personne avancée en âge. L'initiative individuelle va en diminuant, l'esprit d'entreprise semble paralysé ; le besoin de repos, d'occupations sédentaires augmente, les placements en fonds d'Etat augmentent, le nombre des fonctionnaires augmente, c'est-à-dire : les capitaux, les intelligences, les capacités se retirent des affaires. Les recettes diminuent, les exportations diminuent, les enfants diminuent, l'énergie diminue, le sentiment de l'autorité, de la justice, de la religion, diminue, l'intérêt porté aux affaires publiques diminue ; les dépenses augmentent, les importations augmentent sur toute la ligne, l'infiltration des étrangers augmente. Que voulez-vous ? on se fait vieux et débile !

Bourgeoisie française, ma mie, il faudra se mettre au régime des ferrugineux, du fer Bravais, essayer de faire encore quelques enfants et quelques affaires !

Il est évident que nous retrouvons ici tous les symptômes de cette maladie mystérieuse qu'on appelle la décadence d'une race. Les causes que l'on veut donner au mal en sont généralement les effets.

De toutes les circonstances qui viennent accélérer la décadence, il faut citer en premier lieu l'éducation, telle qu'on la comprend en France.

L'éducation intellectuelle est purement théorique, l'éducation morale nulle, l'éducation du corps nulle.

Tout d'abord, l'instruction que l'on reçoit là-bas tend à remplir le pays d'une multitude de déclassés qui, après avoir quitté le collège, continuent, sous un prétexte quelconque, à vivre à la charge de la société ; d'agriculteurs qui auront appris et oublié la date de la première guerre de Charlemagne contre les Saxons, mais ne connaîtront rien à l'exploitation rationnelle du sol, rien à l'élève des bestiaux, etc. ; d'ouvriers plus forts sur les droits de l'homme et les réformes sociales que sur les derniers procédés de fabrication ; d'industriels qui auront appris par cœur et oublié de bien belles choses dans de bien beaux livres, mais ne sauront ni faire du commerce, ni sortir de la routine ; d'officiers, très forts en algèbre, qui laisseront écharper leurs troupes pendant qu'elles mangent la soupe, qui ne pourront vous dire si Mayence se trouve au nord ou au sud de Francfort et si *legt an* veut dire du veau ou de la salade; d'ingénieurs, à cheval sur toutes les formules, qui n'entendront rien à la construction, rien à la forge, rien à la combustion.

Un ingénieur français battra n'importe quel Anglais sur la théorie ; malheureusement les machines françaises se construisent à Manchester, à Glasgow, en Belgique, en Allemagne, et les inventions françaises sont utilisées à Nangasaki avant de l'être à Paris.

En l'état actuel des esprits, où chacun est porté à quitter un métier pour en prendre un plus facile, où chacun pense au budget et veut en goûter, les paysans sous forme de primes, les ouvriers sous forme d'aumônes, les bourgeois sous forme de traitements, en cet état moral, l'instruction que l'on reçoit en France contribue singulièrement à jeter tout le monde hors de sa sphère.

On arrive à se demander si elle ne produit pas sur notre voisin démoralisé, le même effet que la civilisation sur le sauvage.

Il ne faut cependant pas s'imaginer qu'il y ait pléthore d'instruction chez nos voisins. L'enseignement primaire y est encore très faible.

« Les résultats du recrutement en Allemagne, pen-
« dant l'année 1884, ont permis de constater que le
« chiffre des illettrés est tombé à la proportion extrê-
« mement minime de 1.21 pour 100. Il y a dix ans, la
« proportion était de 2.37 pour cent, ce qui indique
« suffisamment les progrès constants de l'instruction
« dans ce pays.

« Dans les deux périodes correspondantes, nous
« relevons en France les chiffres suivants : 15.92
« pour 100 d'illettrés en 1874 ; 11.42 pour 100
« d'hommes ne sachant ni lire ni écrire en 1884. La
« diffusion de l'instruction a fait évidemment chez
« nous un pas notable dans ces dix dernières années.
« On voit cependant quels efforts nous avons encore
« à réaliser pour atteindre, au point de vue de l'ins-

5

« truction très élémentaire, le niveau des Allemands.
« En réalité, nous n'avons pas à cette heure, en
« France, plus de 60 pour 100 d'hommes du contin-
« gent sachant lire, écrire et compter couramment.

« Treize ans après le vote qui a établi le service
« obligatoire, il faut encore, cette année, suspendre
« l'article de la loi de 1872 qui interdit aux illettrés
« l'engagement volontaire. Cette disposition très
« démocratique aurait privé la marine de 3000 Bre-
« tons pleins de bonne volonté mais qui ont passé
« leur enfance dans des bateaux de pêche où l'on
« n'apprend guère les quatres règles ni même l'alpha-
« bet. La Chambre devra, dans sa session de janvier,
« reculer encore une fois l'application d'une mesure
« excellente mais irréalisable. »

(*République Française.*)

Dans l'enseignement secondaire les programmes sont très chargés, mais à en juger par les résultats, les méthodes doivent être franchement mauvaises.

La principale consiste à faire apprendre, *par cœur*, force pages de grammaire, d'histoire, de géographie, d'arithmétique, de latin, de grec, d'anglais, d'allemand, etc. L'enseignement est avant tout formalité.

Réciter conformément au texte du livre est *tout* ce qu'on demande à l'élève; aussi les trois quarts de ces pauvres perroquets ignorent-ils le sens de ce qu'ils débitent.

Un élève récite une page d'anglais sans faute, mais sans se douter de ce qu'il dit; il décroche le coefficient maximum 6 : félicitations du professeur. Le suivant, beaucoup plus fort, comprend de quoi il s'agit, mais il saute ou modifie quelques mots du texte littéral : mauvaise note, pensum.

Ecoutez un élève français réciter une leçon, ce n'est pas un être humain qui exprime des idées, c'est un phonographe bourdonnant, mis en contact pendant quelques instants avec une page de caractères imprimés.

Ce dont un professeur se soucie le moins en France, c'est qu'un élève comprenne quelque chose à ce qu'il dit.

Nous avons vu des élèves peu intelligents apprendre, par cœur, jusqu'à des raisonnements de géométrie ou d'algèbre.

Demandez à vingt élèves de troisième de vous traduire les quinze vers de Virgile qu'ils viennent de réciter, vous serez édifié.

A propos des études classiques, le *Temps* fait observer que M. Raoul Frary trouve en nous un auxiliaire imprévu. — Non certes! bien au contraire, il nous fait horreur!

Il serait trop long de développer ici nos théories à ce sujet.

Les études classiques, c'est là tout ce que nous avons pour résister aux tendances si positives de notre époque, pour opposer l'amour du beau à l'amour de l'utile, l'idéal à l'intérêt! Mais encore faut-il suivre une méthode pratique.

Bornons-nous à dire, sans avoir le temps de le prouver, que pour le grec et le latin tout ce qui est *composition* est absurde, tout ce qui est traduction excellent.

A quoi bon l'étude des langues mortes?

1° A connaître les chefs-d'œuvre de l'antiquité.

Eh bien! alors, traduisez, traduisez, traduisez! En

six ans, vous avez le temps de passer en revue la plupart des auteurs latins et grecs depuis les plus élémentaires jusqu'aux plus ardus, et vous saurez le latin, le grec, vous pourrez mettre votre science à profit. Trois ans après votre sortie du collège, vous ne resterez pas stupide devant un passage du Cornelius Nepos. Cicéron perdrait son sérieux en entendant un professeur de la Sorbonne débiter son discours latin composé à grands frais, à plus forte raison, en lisant le thème d'un élève, fabriqué à coups de dictionnaire. Virgile, quoique très bon enfant, serait pris du fou rire s'il avait à réciter la pièce de vers latins qui vient d'obtenir le premier prix au concours général.

2° Vous apprenez les langues mortes pour perfectionner votre style français, ou anglais, ou allemand, ou chinois. (Les racines n'ont rien à y voir).

Parce que l'esprit, obligé de transporter dans une langue une idée qui dans une autre revêt une forme toute différente, acquiert à cet exercice une souplesse et une virtuosité peu ordinaires. A cet effet, les langues vivantes vous rendront le même service. Un jeune Français qui aura passé trois ans en Allemagne et appris l'allemand, trois ans en Angleterre et appris l'anglais, s'exprimera en français avec beaucoup plus de facilité, de variété et d'originalité, parce que la pensée, chez lui, s'est habituée à prendre quantité de formes différentes, ayant dû passer par tant de moules différents.

Un journaliste français nous disait : C'est en Allemagne et en Angleterre que j'ai appris ma langue maternelle. Ce n'est pas un paradoxe.

Si nous étions professeur de langues vivantes en France et qu'on nous laissât la bride sur le cou, ce n'est ni Milton, ni Pope, ni Shakespeare, ni Macauley, ni Lessing, ni Gœthe, ni Schiller que nous ferions traduire à nos élèves, mais le *Daily News* et le *Punch*, mais le *Kölnische* ou le *Frankfurter Zeitung* et les *Fliegende Blätter*, auxquels la classe serait abonnée, ainsi qu'aux romans de Charles Dickens et de Freytag.

Quand nos élèves sauraient l'anglais et l'allemand (que diable! en neuf ans on doit pouvoir les apprendre, même en France!) et alors seulement, nous passerions à la lecture des auteurs classiques. C'est une profanation que de faire traduire mot à mot le Faust de Gœthe à de jeunes garçons qui ne savent même pas les principes de la grammaire!

C'est la langue qui sert à comprendre la littérature d'un pays, et non la littérature qui doit servir à comprendre la langue.

Savez-vous ce que l'on fait apprendre aux bambins de 7 et 8 ans? Des fables de La Fontaine! que nous réservons au jeunes hommes de 18 à 20 ans.

On pourrait difficilement exagérer l'ignorance de nos voisins sur leur propre langue.

Combien souvent nos commis, à Berlin, à Hambourg, à Francfort s/M., ont l'occasion de plaisanter sur les fautes d'orthographe et de style français qui leur viennent tout droit de maisons de banque ou de commerce de Paris!

On ne peut encore obtenir d'un bachelier, d'un volontaire d'un an, d'un St-Cyrien, d'un polytechnicien, qu'il écrive sa langue sans fautes de toutes espèces.

Un bachelier a étudié l'allemand, l'anglais depuis la huitième, c'est-à-dire pendant neuf ans. Qu'en sait-il ? Demandez-lui à brûle-pourpoint d'exprimer dans l'une de ces langues la pensée la plus simple : silence complet.

Pourquoi ? Parce qu'il n'a sous la main ni [illegible] lexique, ni sa grammaire, ni son vocabulaire.

Aux examens, on a grand soin de mettre les élèves en possession d'énormes dictionnaires bondés de locutions, sans lesquels autant vaudrait leur demander de traduire de l'hindoustani.

A ce propos, qu'il nous soit permis de citer quelques faits... pyramidaux.

A Paris, nous avons visité différents lycées et collèges. Nous n'oublierons jamais notre première visite. Quand le geôlier eut refermé sur nous la petite porte grillée, nous nous trouvâmes dans une vaste cour pavée, humide, entourée de hauts bâtiments grisâtres, et un frisson nous passa dans le dos. C'était parfaitement lugubre, une vraie maison de correction, quoi ! Mais, passons. Au bout d'un long corridor dallé, on nous fit entrer dans une salle obscure qui sentait le renfermé. C'était une classe de troisième ou de quatrième, nous ne nous le rappelons plus au juste. On donnait une leçon d'allemand.

Que traduisaient ces pauvres bambins de 13 à 14 ans ? Nous le donnons en cent, nous le donnons en mille... Laokoon de Lessing !

Qu'est-ce que Laokoon de Lessing ? C'est l'ouvrage d'esthétique le plus ardu, le plus profond qui ait jamais été écrit ; ouvrage dont la bonne moitié des Allemands ne comprennent pas la portée. Et voilà ce que l'on fait traduire à des petits garçons qui ignorent jusqu'aux premiers principes de grammaire allemande, qui n'ont jamais entendu prononcer le mot d'esthétique, qui ne comprendraient pas un traître mot de l'ouvrage, *traduit en français.* Mais, de plus, cette lecture est très dangereuse pour un étranger, puisque la langue de Lessing fourmille d'expressions, de tournures vieillies, passées de mode.

Imaginez un Allemand qui apprendrait le français dans Montaigne !

Un malheureux de 13 ans pataugeait, avec son professeur, du reste, dans cette phrase :

„Alle Erscheinungen, zu deren Wesen wir es nach „unseren Begriffen rechnen, daß sie plötzlich ausbrechen „und plötzlich verschwinden, daß sie das was sie sind, nur „einen Augenblick sein können; alle solche Erscheinungen, „sie mögen angenehm oder schrecklich sein, erhalten durch „die Verlängerung der Kunst," etc., etc.

Nous demandâmes au gamin comment il dirait :
« Quel est le plus court chemin d'ici à St-Cloud ?
« Combien y a-t-il d'habitants dans ce village? »
— Silence.

Nous sortîmes ahuris, laissant ces bébés aux prises avec Laokoon de Lessing.

Les lycéens français seraient trop ignorants pour faire, en campagne, le service de uhlans, dans lequel se distinguent chez nous de simples campagnards.

Dans la classe suivante, on traduisait Macbeth, c'est-à-dire de l'anglais du XVIIme siècle, que la moitié des Anglais comprennent à peine.

— Comment diriez-vous en Anglais : « Quel est le plus court chemin d'ici à St-Cloud ? Combien y a-t-il d'habitants dans ce village ? » Silence.

Nous sortîmes derechef ahuris.

Il vient de se former une *Alliance patriotique* pour développer à l'étranger la connaissance de la langue française. Ce serait cependant le cas de dire : Charité bien ordonnée...

Après la guerre de 1870, jeunes et vieux, domestiques et rentiers, tout le monde en France apprenait l'allemand. Ce beau zèle vécut ce que vit l'enthousiasme chez les Français, l'espace d'un matin.

« Vous pouvez faire l'expérience suivante : prenez « un enfant de treize à quatorze ans n'ayant jamais « appris l'allemand, par exemple ; faites-lui donner « trois ou quatre mois de leçons particulières par un « bon professeur, puis mettez-le au collège, en qua- « trième, et je suis certain qu'il sera dans les cinq « premiers élèves de sa classe, quoique ses cama- « rades aient appris la même langue pendant plu- « sieurs années. » *(Thierry Mieg).*

L'Allemand, lui, qui n'a pas le temps d'apprendre le français dans Montaigne, répond aux Français en français, aux Anglais en anglais, aux Italiens en italien, aux Espagnols en espagnol.

Le plus humble commis du plus petit bourg d'Allemagne ne rêve que d'aller se perfectionner à l'étranger. Souvent il part, n'ayant en poche que le montant de son voyage en troisième classe, et les quelques marks qui suffiront à sa sobriété, jusqu'au moment où sa persévérance lui vaudra une place dans un pays où les indigènes chôment par milliers.

En Allemagne, qui ne sait du français au moins les éléments ?

Demandez en France à un homme du monde, de vous citer les noms des principaux auteurs allemands. Il trouvera sans trop chercher Gœthe et Schiller, peut-être Kant et Lessing, rarement Leibnitz et Schelling. Voilà tout ce qu'il connait de notre littérature; encore n'a-t-il pas feuilleté les œuvres de ces classiques. Naturellement il n'aura aucune peine à y opposer une riche collection de chefs-d'œuvre français et s'étonnera naïvement de la pauvreté de notre littérature; il devrait plutôt admirer sa propre ignorance. D'artistes anglais ou allemands il n'en connait pas et en conclut facilement qu'il ne saurait y en avoir.

Obligé par sa faiblesse de se créer une représentation matérielle de la Divinité, l'homme, ne trouvant rien de plus parfait que lui-même, l'a faite à son image, avec des yeux, un nez, une bouche, des oreilles et une grande barbe; les Français ne connaissant qu'eux-mêmes ont créé la *Perfection* à leur image. C'est à tort qu'on leur fait un reproche de se croire le premier peuple du monde. Ils n'en connaissent pas d'autres, n'ont aucun élément de comparaison, par suite ne peuvent rien imaginer de plus parfait et surtout ne désirent rien de plus parfait.

Chez nos voisins, envoyer un fils à l'étranger est le suprême du luxe. Seules, quelques familles riches se le permettent. Combien rencontrez-vous d'employés français chez nous ? en Angleterre ? et combien sans autres moyens d'existence que leur traitement ?

Pour l'Allemagne, le compte est vite fait, il y en a bien une douzaine.

Le jeune Français à l'étranger ne fréquentera pas les indigènes à cause du dédain qu'ils lui inspirent. Aussi est-il seul capable de ce tour de force qui consiste à vivre 3 ou 4 ans dans un pays sans pouvoir y commander correctement un œuf à la coque. Lorsqu'on veut se relever, il convient d'oublier quelque temps que l'on est le premier peuple du monde et surtout de moins mépriser ses vainqueurs ; un auteur grec, Lucien, a dit que c'était peu habile.

A l'étranger, le Français devient insupportable ; en Angleterre surtout, il produit un sentiment pénible, mélange de pitié et de dédain.

Dans un café, au théâtre, dans la rue, à côté de ces Anglais calmes, dignes indépendants, qui, hors de chez eux, ne font pas attention au voisin, ne se mêlent jamais de ce qui ne les regarde pas, et, s'ils observent, gardent leurs observations pour eux, à côté de ces gens-là, le petit Français qui ne sait rien, ne comprend rien à ce qui se passe, n'a aucune expérience du monde, qui parle à tort et à travers, fait bien triste figure. Il va, comparant tout au boulevard des Italiens, trouvant tout bête, tout mal fait, n'apprenant rien. Les yeux bandés par le chauvinisme, il ne fait son profit d'aucune chose. Parce qu'il parle français très haut, il s'imagine que chacun va se retourner pour le regarder avec admiration. Tout cela produit une drôle d'impression, surtout quand on sait combien un Anglais se moque d'un Français, et surtout quand on connait la situation de la France.

D'après les programmes, un bachelier doit avoir

appris l'histoire universelle et toutes ses dates. Combien en a-t-il retenu cinq ans après? tout juste quatre : 1789, 1813, 1848, 1870. Demandez-lui une date antérieure à 1789.

« On demande aux jeunes filles de la géographie,
« de l'histoire de France, de la langue française,
« comme s'il n'avait jamais existé d'autres nations.
« Là encore un peu d'histoire étrangère, un peu de
« langues étrangères ne pourrait faire que du bien. »

(Thierry Mieg.)

Passons sous silence l'enseignement de la géographie, il ne faut pas être méchant.

Les cours des écoles de commerce nous ont beaucoup amusé. Ecoutez ces professeurs qui n'ont jamais mis le pied dans un bureau parler à ces pauvres jeunes gens d'arbitrages et de changes, leur apprendre à se noyer dans un verre d'eau, leur inculquer le goût et l'habitude des paperasses, leur soutenir (en 1881) qu'à Francfort on se sert encore du florin et du kreutzer *(historique)*.

L'agriculture est tout aussi mal traitée par quelques vieux professeurs de routine. Allez vous édifier à Grignon. Les résultats sont à la hauteur de cet enseignement piteux :

« En Angleterre, l'hectare rend en moyenne 28
« hectolitres de blé ; dans la Prusse-Rhénane et le
« Hanovre, 25 ; dans la Prusse et la Saxe, 24 ; en
« Hollande, 22 ; en Danemark et Norvége, 20 hecto-
« litres. Il faut aller en Autriche-Hongrie, où com-
« mence déjà l'Orient *paresseux* et *routinier*, pour
« voir le rendement baisser à 17 hectolitres.

« En France, ce n'est ni 28, ni 20, ni même 17 hec-

« tolitres de blé que produit en moyenne l'hectare de « cette terre tant vantée : c'est, en prenant la « moyenne des 30 dernières années, 15 $^{1}/_{4}$ hectolitres !

« Notre sol est-il donc plus ingrat que l'Angleterre « avec son brouillard, que la Prusse avec ses sables, « que l'Autriche avec ses plaines basses et inondées « un an sur quatre, que la Norvége avec ses huit « mois de gelée?...

« ... Dans 30 départements, la récolte ne dépasse « pas aujourd'hui la moyenne d'il y a 60 ans : 12 hec- « tolitres. Citons parmi eux la Drôme, où l'hectare « donne 7 $^{1}/_{4}$ hectolitres, et la Dordogne, où *on ne « sait lui en faire rendre que* 6 $^{3}/_{4}$!

« La routine, la routine, voilà tout le secret de notre faiblesse. »

(*Petit Marseillais*, 27 septembre 1885).

« Une fois à l'école, écrit M. Cornely, le petit « Français commence à apprendre qu'il n'y a pas de » Dieu, qu'il est le produit du hasard combiné avec « un peu de chaleur et d'humidité, que ses père et « mère sont des ganaches, puisqu'ils croient en un « être suprême que M. Ferry ne reconnait pas et qu'il « a laïcisé.

« Ensuite, il apprend la lecture, l'orthographe, « l'écriture, le dessin, la musique, l'histoire naturelle, « la physique, la chimie, et l'art de tuer son sembla- « ble avec un fusil en tôle. Et puis on le lâche à tra- « vers le monde avec un papier constatant qu'il con- « nait toutes ces belles choses.

« Il rentre à la maison paternelle, il y trouve un « maçon, un serrurier, un menuisier, un cordonnier, « qui lui a donné le jour, et qu'il commence par « *épater* avec son certificat et ses bouquins.

« Pas un seul instant le brave homme ne songe à « emmener avec lui ce petit monsieur pour gâcher « du plâtre, faire grincer la lime, siffler la varlope « ou battre le cuir.

« L'enfant est trop grand pour commencer à « apprendre, et puis il serait dommage vraiment de « gâter et de déformer ses belles petites mains douces, « qui n'ont encore connu que la plume, le crayon, la « règle ou le compas.

« Le maçon songe bien à faire de son fils un archi- « tecte, mais c'est difficile, car il y a moins d'archi- « tectes que de maçons ; toujours des privilèges !

« Le serrurier consentirait bien à faire de son « gosse » un ingénieur, le menuisier un entrepre- « neur, et le cordonnier voudrait bien lui acheter un « magasin de chaussures à vis, mais l'école centrale « absorbe les places et le capital fait défaut.

« Alors l'enfant devient comptable, commis, em- « ployé ou valet de chambre, ou marchand de contre- « marques, ou artiste, ou bookmaker, ou mauvais « sujet tout simplement.

« Il en résulte, d'une part, que le nombre des dé- « classés croît dans des proportions effrayantes, « qu'en temps ordinaire une partie du contingent « s'achemine vers la police correctionnelle, les pri- « sons centrales, pour aller plus tard fainéanter à la « Nouvelle-Calédonie, et que s'il surgissait une révo- « lution, il y aurait un recrutement inépuisable pour « l'émeute, et que finalement si les bêtises politiques « n'enfantent pas la révolution demandée, les désœu- « vrés devront l'organiser pour manger.

« Il en résulte, d'autre part, que les professions

« manuelles ne se recrutent plus, que les apprentis « n'existent plus, dans les grandes villes du moins, « que les bons ouvriers deviennent introuvables.

« Pour ne citer qu'un exemple qui me touche et « dont j'ai le droit de parler parce que c'est ma spé« cialité, mon métier, nous avons toutes les peines « du monde à trouver des ouvriers compositeurs « sachant proprement lever la lettre, et nous avons « des correcteurs par dessus la tête.

« Les correcteurs travaillent du cerveau, ils sura« bondent. Les compositeurs travaillent des mains, « ils manquent.

« Et c'est dans tous les corps de métiers la même « chose.

« Il en résulte enfin que les Français manquant à « l'ouvrage manuel, l'industrie fait appel aux ouvriers « étrangers, tandis que le commerce fait appel aux « produits étrangers.

« Il en résulte que l'industrie et le commerce fran« çais dépérissent, tandis que l'industrie et le com« merce étrangers prospèrent.

« Il en résulte, enfin, que la nation française dé« croit non seulement sous le point de vue de la mo« ralité, mais encore sous le point de vue de l'habileté « manuelle. »

Il faut visiter ces cloitres qu'on appelle lycées et collèges et où s'étiole la jeunesse française.

On n'y marche qu'en rangs, deux à deux ; tous les actes de la vie y sont réglés au son de la cloche et du tambour. Pendant la *récréation*, les petits malheureux se morfondent entre les quatre murs d'une cour pavée, s'ils ne sont pas en retenue. Voilà tout ce que l'on accorde à cette guenille de corps. Tous les jeudis vous apercevez de longues files d'enfants qui sortent par couples du cloître sous la surveillance d'un être misérable, morne et râpé, d'un pion. Ils semblent suivre un corbillard imaginaire et se traînent en silence par les rues de la ville, s'ils ne sont pas en retenue.

Tous les quinze jours, visite aux familles, s'il n'y a pas privation de sortie, si les parents résident dans la même ville, si les parents se soucient de voir leurs enfants. Le grand élève de 19 à 20 ans, délivré par le pion à la famille ou à un mandataire dûment accrédité, se voit restitué le soir au pion par la famille ou le mandataire, contre décharge en règle. Doit-elle porter le timbre de quittance? Nous ne saurions le dire.

Faire sortir un interne un jour sur semaine est aussi difficile que d'emmener à la campagne un condamné à mort.

Dès la plus tendre enfance, l'initiative personnelle se trouve brisée par ces règlements de prison. De bonne heure la jeune bourgeoisie française y apprend à ne rien entreprendre sans la permission, l'appui et la direction de l'*Administration*.

De tout temps les punitions pleuvent sous forme de retenues. Les occasions d'en être frappé sont innombrables. Un professeur, un surveillant, un pion, dans un moment de mauvaise humeur peut mettre toute une classe sous clef pour un motif des plus futiles.

Souvent la vie d'un élève antipathique à tel ou tel membre du personnel est un martyre de plusieurs années.

Qu'est-ce qui souffre le plus de ce système ? C'est le corps, le corps et toujours le corps ; aussi faut-il voir à quoi on l'a réduit, ce corps ; on le constate au conseil de révision.

Que punit-on chez ces jeunes élèves ? ce sont les manifestations les plus naturelles de l'enfant et du jeune homme, le besoin de s'agiter, le besoin de parler, de s'amuser, de plaisanter. C'est contre la nature que sont dirigées, en France, toutes les attaques de l'instruction publique. Et la nature s'en venge cruellement. Que de caractères aigris dès la sortie du collège, que d'énergies paralysées, que d'originalités équarries !

Tous les ans, chacune de ces institutions rend à la lumière et à la liberté une fournée de jeunes gens qui ont achevé leur temps de prison et passé leurs examens d'affranchissement tant bien que mal.

Cette éducation en a fait des hommes froids, sérieux, disciplinés, direz-vous. Erreur grossière ! A la nature de prendre sa revanche ! Elle vous livre des jeunes gens frivoles et blagueurs, incapables de parler sérieusement de choses sérieuses.

Après l'inspection d'une classe au Lycée St-Louis, le hasard nous conduisit au Palais-Bourbon.

Quel contraste !

D'une part, des enfants de marbre, dont les moindres mouvements, les moindres paroles, les moindres sourires, dont le professeur ne donne pas l'exemple, sont soigneusement punis ; de l'autre, des hommes enfants qui, n'ayant plus de retenue à craindre, gambadent, vocifèrent, s'insultent, font du *chahut* pour le plaisir d'en faire ; c'est une classe de petits garnements pendant l'absence du pion.

La nature a le dernier mot.

Contemplez, d'un autre côté, cette folle jeunesse anglaise, qui joue au football et au cricket, sans pion, qui dès l'âge de huit ans, voyage, sans pion, d'un bout de l'Angleterre à l'autre, prend le bateau, sans pion, l'omnibus, le cab, le chemin de fer, sans pion, court les rues, sans pion, dès qu'elle sait marcher, répond au professeur sans trembler, rougir ou baisser les yeux ; qui n'est pas harcelée de sottes observations, de sottes punitions, parce qu'elle se rosse, se meurtrit ou se déchire ; voyez quels hommes elle produit : sérieux, énergiques, qui ne plaisantent pas en affaires ou en politique, et ne se laissent marcher sur le pied par personne, voire même aux extrémités du monde.

Lorsqu'un grand amiral français s'avise de mettre en retenue un petit citoyen anglais, humble marchand de drogues, la France, pour se faire excuser, tire de sa poche une grosse somme d'argent, et le président du Conseil des ministres s'incline bien humblement devant l'ambassadeur d'Angleterre à Paris.

L'éducation morale est nulle de par la loi. N'oublions pas que l'instruction est en France un monopole de l'Etat, comme les allumettes chimiques, et si l'on s'avisait d'inscrire sur les programmes des questions telles que l'organisme du monde, la théorie du principe supérieur, etc., justice en serait promptement faite par les intéressants fanatiques qui mènent la Chambre. La jeunesse française, à l'école, au collège, dans les établissements spéciaux, ne reçoit donc aucune éducation morale, aucune quelconque.

On laisse aux parents le soin d'inculquer à leurs enfants les principes que bon leur semble ; c'est fort bien, mais les parents aisés éprouvent tous en France le besoin de tenir leurs enfants à distance du foyer domestique, de les cloîtrer n'importe où ; le paysan et l'ouvrier ne sont nullement capables de leur transmettre des principes religieux quelconques ; au surplus ils n'en ont ni les moyens, ni le loisir, ni l'idée. Cela, joint à la frivolité naturelle du caractère français, amène ce résultat singulier : que de l'Allemagne, l'Angleterre et la France, c'est cette dernière la moins éclairée, qui renferme le plus grand nombre, nous ne dirons pas de libres-penseurs, l'expression serait on ne peut plus mal employée, mais d'individus vivant sans religion d'aucune sorte, qui n'éprouvent aucun besoin de la remplacer par quoi que ce soit.

Le Français ne peut se dire libre-penseur, car il pense étonnamment peu aux problèmes qui doivent le plus préoccuper l'humanité, depuis le valet de ferme jusqu'au plus grand philosophe.

L'homme, tel qu'il a été créé, jouissant de la santé morale, éprouve le besoin impérieux de réfléchir à certaines questions supérieures qui intéressent autant l'âme que la nourriture intéresse l'estomac ; de rechercher celui qui l'a créé, dans quel but il l'a créé, quelle est sa destinée ; de penser à l'immensité, au libre arbitre ou à la fatalité, etc.

Tels sont les besoins d'un homme sain.

L'humanité se partage en deux classes d'hommes. Une des religions existantes satisfait les besoins spirituels et moraux des premiers. Les autres n'acceptant aucune de ces religions, recherchent eux-mêmes des solutions qui les satisfassent davantage. Quand on viendra nous dire : « Je ne crois pas à tel ou tel principe, » et qu'on nous en donnera la raison, nous respecterons le doute tout autant qu'une profession de foi protestante, catholique, juive ou niam-niam.

Les deux catégories précitées sont *naturelles*, obéissent aux lois de la nature, d'après lesquelles le sauvage le moins développé et les hommes de la taille de Luther, de Bossuet, de Leibnitz et de Voltaire, tous, nous sommes poussés à rechercher une solution aux problèmes dont la seule conception distingue l'homme de la brute.

Mais, hors de ces deux classes, il s'en est formé une troisième, une classe de gens malsains, malades, de gens qui, de par la nature, ne sont pas viables et ne vivront pas, de gens condamnés à la décadence et à la mort : ceux qui se lèvent le matin, vaquent à leurs affaires, rentrent chez eux le soir sans avoir quitté des yeux le pavé des rues, sans jamais s'élever, par la pensée, au-dessus des toits et des bruits de la ville.

L'Allemand de toutes classes, fumant sa pipe devant son verre de bière, s'absorbe volontiers dans les hautes questions de la métaphysique. Le Français de toutes classes, devant sa tasse de café, pense à la politique, aux femmes ou aux dominos.

Des religions établies, il s'en moque : de la protestante, de la catholique, de la juive, de toutes ; raillant leurs adeptes qui, cependant, au point de vue intellectuel et *naturel*, lui sont bien supérieurs ; et s'il ne faisait que s'en moquer ! Ecoutez l'ordre du jour proposé au vote de la première assemblée municipale de France, le 18 juin 1884 :

« Considérant que l'expropriation du clergé n'est « qu'un élément de l'expropriation politique et éco- « nomique de la classe capitaliste que la révolution « réalisera ; et regrettant qu'une seule église soit « fermée, et non la totalité des églises, et que toute « organisation religieuse ne puisse être interdite dès « aujourd'hui, le Conseil passe à l'ordre du jour. »

Qu'en pensez-vous ?

Avec quel dédain, quel souverain mépris, la plupart des Français parlent-ils des questions philosophiques !

« Moi, je laisse ces choses-là aux femmes et aux « enfants, j'ai bien d'autres préoccupations ! » — « Moi, je suis libre-penseur. »

Mais, ami, pour être libre-penseur il est indispensable d'être penseur. Et vous, Madame, qui souriez dédaigneusement quand on traite ces questions en votre présence, par quoi remplacez-vous cette religion dont vous faites si bon marché ? Avez-vous l'instruction, les idées, la réflexion nécessaires pour vous créer une religion à vous ? Tout vous manque pour cela, pauvre dame !

Une femme qui, sans avoir un esprit supérieur, se passe de toute religion, quel être contre-nature !

Avec quel mépris Voltaire, ce libre-penseur, fustigerait-il tous ces non-penseurs !

Rien ne nous indique que les Romains de la décadence aient éprouvé le besoin d'une religion quelconque. Cette insouciance amena la réaction la plus violente qui ait encore secoué l'humanité ; après quoi l'Empire avait cessé d'exister.

Robespierre, faisant preuve d'une grande profondeur de vues, comprit la nécessité de remplacer la divinité abolie par un principe supérieur, s'il voulait éviter un terrible revirement.

Les radicaux d'aujourd'hui s'imaginent que l'on peut s'en passer. Il est parfaitement vrai que sans éducation morale on fabrique des ingénieurs et des députés, mais pas des hommes.

Cette pauvre jeunesse française, que l'éducation a rendue si dédaigneuse de la religion et de la libre-pensée, s'apercevra un jour dans le *struggle for life* de ce que les Allemands et les Anglais possèdent et qui lui manque à elle !

La réaction ou, si vous aimez mieux, la vengeance de la nature ne viendra pas du dedans, mais du dehors.

On s'est beaucoup moqué en France de la rêverie allemande ; elle ne nous empêche cependant ni de savoir l'arithmétique commerciale, ni de faire le coup de feu ; et l'inscription « *Mit Gott* » qui figure sur nos livres de commerce n'est pas un obstacle au *struggle for life.*

« *La vraie fidélité*, dit l'*Instruction officielle du* « *fantassin allemand, ne peut exister sans la crainte* « *de Dieu*. Quand, à Cologne, j'ai rencontré les com« pagnies, en tenue de dimanche, se rendant les « unes à la cathédrale, les autres au temple luthé« rien, j'ai compris la valeur des traditions et le sens « véritable de ce mot de *respect* que nous blaguons « tous les jours. »

Ainsi s'exprime un publiciste français qui assistait à nos grandes manœuvres.

Si de là nous passons à l'éducation du corps, nous constatons qu'il n'est rien fait pour cette pauvre enveloppe charnelle.

Nous lisons dans la *Tribune de Genève :*

« Comparez la race française à la race anglaise ; « tandis que le fantassin français est maigre, rabou« gri, ratatiné, toujours plus petit, tellement qu'on « est obligé de diminuer le minimum de la taille pour « le recrutement, en Angleterre vous êtes en pré« sence d'individus grands, forts, musculeux, bien « découplés ; bref, vous avez devant vous des hom« mes de race. »

« A Genève nous suivons malheureusement les « mêmes errements qu'en France, en matière d'édu« cation. Nous nous imaginons que plus les heures « d'école sont nombreuses, plus les programmes « sont bourrés, et plus l'instruction se développe, le « niveau intellectuel monte et le pays prospère.

« Erreur funeste ! »

Qu'importe ! le Français aura toujours assez de force pour gratter du papier.

Au surplus, les jeux qui développent les muscles n'ont plus d'attraits pour nos voisins. Voyez cette jeunesse française nerveuse, excitable, sans charpente et sans muscles ; la gymnastique, la lutte, la boxe, la natation lui sourient médiocrement ; elle préfère le café et le théâtre, les dominos et les cartes.

En France, vous rencontrez beaucoup de touristes, c'est vrai, ce sont... des Anglais et des Suisses.

A Paris, vous trouverez une des premières sociétés de gymnastique du monde entier, elle est... allemande.

Les ports français sont pleins de yachts de plaisance, ils sont... anglais ou américains.

M. le Dr Pécaut, sous la rubrique *Jeux dans l'éducation (Revue pédagogique* du 13 novembre 1883), après avoir tourné en ridicule la manière dont on enseigne la gymnastique en France, déplore la décadence des jeux : « Est-ce parce que l'on est moins enfant qu'autrefois ? » M. Rouxel, du *Journal des Economistes*, répond : « Le fait est que pour nous « trouver plus sérieux, plus pratiques qu'autrefois, « il faudrait y mettre de la bonne volonté ! Quant à « être moins enfants, quand on voit tout le monde « solliciter les lisières de l'Etat, si ce n'est pas là un « signe d'enfance, c'est assurément un symptôme de « sénilité, à moins que les Anglais et les autres peu- « ples qui jouent plus que nous, ne soient que des « marmots qu'il faut s'empresser de remettre au « maillot, au biberon et à la bouillie. »

On a dernièrement essayé de lancer quelques sociétés de gymnastique, décorées de noms ronflants et patriotiques. C'est là une excellente idée de M. Déroulède, car on fait surmonter au Français toutes ses répugnances avec des mots et des phrases creuses et sonores. Mais la vogue de la gymnastique passera comme celle des crinolines, des grammaires allemandes, de la revanche.

M. Albert Wolff consacre aux misères de l'internat un article très remarquable, dont nous extrayons les passages suivants :

« L'internat est resté le même ; un mélange de « caserne et de prison pendant le jour, une puan- « teur pendant la nuit, où l'on abrutit l'enfant sans

« l'instruire, car, sur cinquante élèves, il y en a au « plus dix qui travaillent et qu'on fait travailler ; où « l'on bourre de science indigeste un tas de pauvres « petits êtres, placés dans des conditions d'hygiène « absolument absurdes.

« Quelle nourriture? « Saine et vivifiante, » affirme « M. l'économe, qui y trouve son compte et que le « proviseur croit le plus souvent sur parole. Une « viande dure, un pain médiocre, du vin fabriqué, « des légumes qui ne sont jamais frais, et de l'eau « qui n'est pas toujours saine. A quel collégien en« seigna-t-on jamais que la propreté est un devoir « qui se change en habitude ? Si vous parliez à M. le « censeur de l'absolue nécessité de bains fréquents, « il vous rirait joliment au nez!

« Quant à ce qu'on appelle les *récréations*, c'est « une plaisanterie. Une cour pas grande, fermée par « des murs salpêtrés, privée de soleil, où l'on parque « les enfants comme des bestiaux. Et on les lâche « là-dedans, et en avant le système ridicule des « punitions ! Celui-ci en retenue en sortant de table, « il copiera un pensum. Quel pensum! Celui-là au « piquet. C'est idiot. On ne dira pas que j'exagère... « Dans les internats, la nourriture est aussi malsaine, « la tenue aussi malpropre, la discipline aussi stu« pide, le pion aussi féroce que de mon temps. Ah! « parlons-en du pion! Sept fois sur dix, c'est un être « méchant, envieux, faisant le mal pour le mal, « punissant à tort et à travers ; exécrable invention « qui consiste à prendre les déclassés de toutes les « professions, les épaves de tous les naufrages, pour « leur confier le soin des hommes de l'avenir.

« Voilà le grand danger créé par l'internat. C'est « la corruption obligatoire. Des enfants sont réunis « en grand nombre ; il en est qui sont des vicieux « précoces, ou des inconscients, ou des natures « malsaines. Les causeries, le mauvais exemple, la « fréquentation, la vie en commun, tout cela fane « bien vite cette première fleur exquise de l'inno- « cence juvénile.

« Le seul et vrai coupable, c'est notre système « d'instruction, c'est l'internat... Plus il y aura d'élè- « ves dans un lycée ou dans un collège, plus cette « corruption sera étendue.

« ... Voyez ces pauvres chers êtres passer en pro- « menade par un gris après-midi d'automne ; voyez « leurs membres veules, leurs yeux cernés, leur « nervosité précoce... Conservons-les donc à la « famille, dans la famille, où la vigilance de la mère « vaut mieux que la férule du pion, où la grandeur « de l'exemple vaut mieux que la brutalité de la « caserne. »

L'article est intitulé : *La corruption obligatoire.*

Au tour des jeunes filles maintenant. La ville de Mâcon vient d'obtenir l'autorisation de fonder un collège de filles pour élèves internes [1]. Fâcheux précédent !

[1] L'autorisation a été officiellement donnée ; il se peut toutefois qu'il s'agisse d'une ville autre que Mâcon.

VI

Choix d'une carrière. — Le gratte-papier. — Assaut des places assises. — Fonctionnarisme à outrance. — Les réseaux administratifs. — M. Leroy-Beaulieu et la bureaucratie. — Chapitre des pensions, abus scandaleux. — Budget des gratte-papier. — Plus de chefs que d'employés. — La France administrée par les Français, cultivée par les étrangers. — Arrogance des fonctionnaires. — Leur v[illegible] comique. — Décorations étrangères. — Agences de titres et de décorations. — Soif du galon du haut en bas de la Société. — Cartes de visites. — Anciens élèves. — Le choléra et les récompenses honorifiques. — Parallèle entre le Français et le Chinois.

Chaque année rend à la lumière et au grand air quelques bataillons de jeunes gens qui ont participé à cette belle éducation physique, intellectuelle et morale.

Que vont-ils devenir? Agriculteurs? Non certes, cette carrière réclame deux ou trois années d'études spéciales, l'industrie également, n'importe quel métier également. Pardon! il en est un qui dispense de tout apprentissage: celui de gratte-papier.

Quoi de plus simple, de plus commode et de plus naturel que de passer des bancs du collège sur les ronds de cuir du gouvernement ou des grandes administrations! Energie, initiative, imagination, activité, on ne vous demande rien de tout cela, bien au contraire.

Le travail s'y divise en menues fractions, et au bout de deux ou trois jours, le nouveau venu connait sa petite partie à merveille.

Le matin il se rend au bureau, remplit le nombre de pages voulu, le soir il rentre bien tranquillement chez lui, sans partager les soucis qui harcèlent l'agriculteur, l'industriel et le financier, sans même s'inquiéter de savoir quel est le mécanisme, le fonctionnement général, quels sont les bénéfices ou les pertes de l'établissement dont il est un des rouages imperceptibles. Les parents et leur fils dorment sur leurs deux oreilles.

Appointements modiques, mais assurés et facilement gagnés. Point d'aléa, partant point d'aiguillon à l'initiative individuelle.

Au bout de quelques années de cette existence bureaucratique, tout est fini. Ce que l'employé pouvait avoir d'ambition, d'énergie, d'esprit d'aventures, tout est atrophié.

Il épouse une jeune personne qui lui apporte quelques rentes ou les revenus d'une petite industrie, et en prenant soin de faire peu d'enfants, il végète assez agréablement.

La source de la vie pour une nation, c'est le champ, puis l'atelier qui donne naissance à la boutique, au bureau, enfin, après tout le reste, à l'Etat, auquel échoit l'unique souci de les protéger tous, sans y mettre le nez.

En France, chacun aspire au bureau et à l'Etat, oubliant que ces deux choses sont de simples corollaires du champ et de l'atelier.

Tout le sang du pays se porte à la tête, les membres restent gelés.

Si notre homme ne peut devenir fonctionnaire de l'Etat, parce que les places sont bondées de monde, bondées de suppléants, assiégées de candidats, il entre plumitif chez un notaire, un huissier, dans une compagnie de chemin de fer, d'assurances, dans une société par actions, teneur de livres d'un magasin quelconque, mais pour l'amour du ciel! qu'il puisse gratter du papier et rester assis.

Qu'il n'ait rien à cultiver, rien à fabriquer; donnez-lui des statistiques à rédiger, des bordereaux à calculer d'objets cultivés ou fabriqués. S'il ne peut devenir gratte-papier, qu'il entre dans un magasin et vende des objets cultivés ou fabriqués, mais de grâce, qu'il ne cultive ou ne fabrique rien et reste assis.

Dans les bureaux se dessèche la bonne moitié de la bourgeoisie, pour l'entretien de laquelle la France qui cultive et fabrique succombe sous le poids des impôts.

Quand on réfléchit au nombre de bras et d'intelligences neutralisés par : 1° l'armée permanente, plus considérable que partout ailleurs, 2° l'armée des fonctionnaires, 3° l'armée des bureaucrates de commerce, 4° l'armée des rentiers, on se demande ce qui reste pour soutenir le *struggle for life.* Dans ce combat, la France ressemble à une armée dont les trois quarts des meilleurs soldats, les plus forts, les plus intelligents, serviraient aux ambulances et dans les bureaux, laissant au rebut le soin de faire le coup de feu. La classe moyenne fait payer cher à l'Etat l'éducation qu'il s'endette à lui donner.

Un agriculteur, un contre-maitre aspire à voir son fils bachelier. L'Etat, qui fait tout pour rien (au moins en apparence, au fond avec l'argent des contribuables), s'en charge avec plaisir, et pour peu que le jeune homme ne souffre pas d'un ramollissement cérébral, la fatalité le condamne à passer ses examens sans difficulté. Bien entendu, ce bachelier ne fera ni un agriculteur, ni un contre-maitre ; en revanche il deviendra, sans se gêner, surnuméraire, par exemple, au ministère de l'Intérieur, dans le service de la statistique graphique agricole. C'est bien porté et peu absorbant. Il lira son journal pendant 20 ou 30 ans aux frais de l'Etat, c'est-à-dire de la France, et ensuite, archi-décoré et pensionné pour avoir consenti à passer sa vie d'une manière aussi oisive et oiseuse, il prendra sa retraite aux frais de l'Etat, c'est-à dire de la France, et fera instruire, manger, blanchir, habiller et loger ses enfants aux frais de l'Etat, c'est-à-dire de la France, dans un collège quelconque.

Le pays, divisé en départements subdivisés en arrondissements subdivisés en cantons subdivisés en communes, se débat dans les mailles d'un filet administratif qui va se resserrant tous les jours.

Allez étudier dans la province ce fonctionnarisme à outrance qui suce le pays jusqu'aux moelles et, malgré vous, un sentiment de pitié vous saisira en faveur de nos pauvres voisins.

« Il y a une conspiration générale en France pour « accroître le gaspillage, le fonctionnarisme, le pa-« rasitisme, la bureaucratie stérile, lente et coû-« teuse, les frais généraux qui pèsent sur les pro-« duits... Tout le monde s'écrie: Des places, des « places! Des rubans, des rubans! A mon aide, le « gouvernement! à mon aide! Des subsides, des sub-« sides! Toute cette foule s'agite pour que le pays « ait plus à payer, pour qu'il soit de plus en plus « garotté dans les liens serrés d'une impitoyable ad-« ministration. » *(Paul Leroy-Beaulieu).*

Tout fonctionnaire s'inscrit au passif dans le bilan d'un pays, tout employé superflu que l'Etat congédie est un double gain pour la nation. 1° C'est un homme de moins qui vit sur la fortune publique. 2° C'est un citoyen qu'on oblige à enrichir le pays de son travail, en servant l'agriculture ou l'industrie. On comprend que le char de l'Etat s'enfonce de plus en plus quand on voit ceux qui le poussaient encore monter dessus, l'un après l'autre.

A quoi servent tous ces fonctionnaires dont le nombre va croissant tous les jours? Pour leur donner un semblant d'occupation, il faut hérisser de formalités inextricables les abords de l'administration. Pour donner un semblant de justification aux fr. 1800 d'un employé de l'Etat, on fait perdre fr. 8000 de temps à l'agriculteur et à l'industriel.

Que de centaines d'individus, par exemple, vivent sur la statistique de ce pauvre pays, dont la statistique devient cependant toujours plus simple et plus concise, puisque tout décline!

Que de rouages inutiles! Que de milliers d'individus la France paie pour se chauffer les pieds, lire le journal, sommeiller sur leur rond de cuir! La nation tourne au plumitif. Le simple particulier ne peut s'adresser à l'Etat qu'à travers des bataillons de fonctionnaires. Chaque année, le gouvernement doit trouver des prétextes d'emplois aux nouvelles légions qui désertent le champ et l'atelier. On se hâte de mettre les anciens fonctionnaires à la retraite pour faire place aux nouveaux arrivants.

Pendant la discussion au Sénat du budget de 1883, M. Léon Say a dit :

« Le nombre des pensionnés a beaucoup augmenté; « cela est grave. En effet, si vous divisez la popula- « tion qui vit du budget en population de fonction- « naires en activité et en population de fonctionnaires « retraités, vous trouvez deux, trois, quatre person- « nes attachées, pour ainsi dire, à la même fonction; « il y a, vous le savez, celui qui remplit la fonction, « celui qui l'a immédiatement précédé, celui qui a « précédé ce dernier, quelquefois même un qua- « trième ou un cinquième.

« Voilà donc trois ou quatre personnes qui vivent « en même temps du budget pour avoir rendu le « même service. De 1876 à 1881 l'accroissement des « pensions civiles et militaires a été de 53 millions « de francs par an ! »

La population agricole se débande, l'agriculture dépérit, plus de vins, moins d'exportations. Par contre, le budget de l'agriculture, par exemple, augmente depuis cinq ans en moyenne de 22 millions par an.

M. Pessard, dans le *National*, nous cite quelques chiffres saisissants.

« Nos administrations centrales coûtaient en 1876 « fr. 22,177,279. Elles coûtent en 1885 fr. 31,261,881. « Pourquoi ? En 1876, les traitements civils figuraient « au budget pour fr. 279,940,000 ; ils sont inscrits au « budget de 1885 pour fr. 373,209,980. Pourquoi ? « Est-il possible que la besogne ait augmenté dans « de telles proportions et qu'on nous donne *pour* « *cent millions* d'ouvrage de plus en 1885 qu'en « 1876 ?

« Nous soupçonnons, nous, que parmi les émar- « geurs de ces cent millions de supplément, il doit « y avoir de braves sinécuristes, agents électoraux « dont on paie les services avec les deniers de l'Etat. « Nous sommes convaincus que si chaque ministère « publiait la nomenclature des emplois créés depuis « 14 ans, le détail du travail qui est accompli par « chaque titulaire de ces emplois et les titres qui ont « mérité au dit titulaire la position qu'il occupe, « nous en apprendrions de belles. »

Parlant d'une enquête sur ce grossissement inexplicable, M. Pessard ajoute :

« Elle permettrait vraisemblablement de rendre à « l'agriculture, qui en manque, un nombre considé- « rable de bras, ballants à cette heure sur des ronds « de cuir inutiles et encombrants pour les minis- « tères. »

Nous empruntons au *Petit Marseillais* quelques nouveaux détails :

« Depuis 1876, il a été créé, dans les divers minis- « tères, 10 directions nouvelles, 19 postes de sous-

« directeurs, 51 places de chefs de bureau, 74 de « sous-chefs, arrivant ainsi, dans certains ministères, « à une proportion invraisemblable entre ceux qui « dirigent ou surveillent le travail et ceux qui l'exé- « cutent.

« C'est ainsi que l'on trouve :

« Aux Beaux-Arts, 30 chefs pour 70 employés ;

« Aux Cultes, 20 chefs pour 31 employés ;

« Aux Contributions directes, 11 chefs pour 19 « employés ;

« A l'Enregistrement, 36 chefs pour 42 employés ;

« Aux Manufactures, 15 chefs pour 22 employés, « etc., etc. C'est invraisemblable, mais ça est. »

Bientôt la France présentera l'aspect de ses colonies, c'est-à-dire que les indigènes seront tous fonctionnaires et que les Anglais, Allemands, Italiens, etc., feront marcher le commerce ; en admettant que l'on puisse coloniser à l'ombre du drapeau tricolore. Partout, en effet, où s'étend le fléau de l'administration française, l'herbe meurt et les fourneaux s'éteignent.

Le fonctionnarisme seul fleurit sur les ruines de tout le reste.

Si, au moins, dans l'exercice de ses nuisibles fonctions, le fonctionnaire se rendait supportable, il lui serait beaucoup pardonné ; mais non, son naturel hargneux, sa vanité, sa grossièreté sont célèbres. Ce n'est pas un simple mortel, c'est le prêtre consacré de cette divinité mystique qu'on appelle l'Etat.

Dès que pendant cinq ans il a lu son journal et enflé ses joues, sa poitrine est décorée du ruban rouge et tout étranger qui entre en France de s'écrier : « Quel nombre prodigieux d'hommes distin-« gués il doit y avoir dans ce pays ! »

Cette manie du titre, du rang, du signe distinctif quelconque, qui permet de regarder Pierre ou Paul de haut en bas, contribue singulièrement à développer la plaie du fonctionnarisme.

Un fermier a quinze chevaux dans ses écuries et fait prospérer l'agriculture de son canton, il n'est rien. Son fils étudie et se voit bombarder secrétaire particulier de M. le sous-préfet de Martignac.

Le voilà devenu hargneux et arrogant ; ses lettres portent :

SOUS-PRÉFECTURE DE MARTIGNAC
Cabinet particulier
du *Secrétaire* de M. le Sous-Préfet.

Et ses cartes :

Mr X** Y** Z**
Secrétaire particulier de la Sous-Préfecture
Chevalier de la Légion d'Honneur
Membre de l'Ordre du Mérite agricole
Chevalier de l'Ordre du Nicham
Président du Conseil agricole d'Arrondissement
Président honoraire des *Fanfares réunies*.

Si cela ne donne pas envie d'être plumitif !

Sur trois employés, on compte régulièrement un chef de bureau, un sous-chef et un secrétaire.

Un Français ne peut être sous-chef de gratte-papiers à fr. 1800 sans le graver sur ses cartes, se faire annoncer comme tel et le mettre à toutes les sauces ; sans enfler ses joues, sans respirer bruyamment.

« Jamais population n'a été atteinte au même « degré que nos contemporains par la soif du galon. « C'est, du haut en bas de la société, comme un « affolement général de jouer un rôle prépondérant « dans n'importe quel métier. Politiciens, bour- « geois, artistes et gens du peuple sont frappés par « le fléau de la vanité. Chacun voudrait garnir d'une « quadruple rangée de galons, qui son habit noir ou « son chapeau de soie, qui sa blouse ou sa casquette « à ponts. Présider une réunion publique ou simple- « ment faire partie d'un bureau, être président de « quelque chose ou pour le moins membre du co- « mité, c'est sur toute la ligne comme une folie géné- « rale. Le moindre fait prend dans la vie contempo- « raine les proportions d'un événement, et tous les « citoyens voudraient planer au sommet. Quand dix « Parisiens se réunissent, par hasard, pour déjeûner « ensemble, aussitôt ils forment une société ; ils « nomment un président, deux vice-présidents, deux « secrétaires, un trésorier, un archiviste, un rappor- « teur, un organisateur des repas mensuels, ce qui « fait, en tout, neuf emplois pour les dix membres « du groupe ; aussitôt le dixième, qui dans cette dis- « tribution du galon n'a rien eu, donne sa démission « et *débine* les neuf autres. C'est absolument comme « dans la politique.

« Remarquez ce qui se passe. Jadis, un comité de « quelque chose se composait de cinq ou six per- « sonnes. A présent, on est pour le moins une demi- « grosse, comme on dit dans le commerce. C'est

« que les hommes qui veulent prendre l'initiative « d'une idée doivent compter avec toutes les vanités « qui s'agitent autour d'elle, comme les moucherons « se montrent par centaines sous le premier rayon « de soleil. Quand on ne peut pas prétendre à de « plus hautes destinées, on se contente d'être mem- « bre d'un comité en attendant qu'on bouscule tout « pour s'emparer de la présidence, et comme cha- « cun veut être respecté dans sa vanité, il flatte celle « des autres...

« A son troisième tableau, le peintre est un maî- « tre; à son deuxième amendement, le député est « un *homme d'État;* à son troisième article, un jour- « naliste est *étincelant de verve et d'esprit;* un sculp- « teur médaillé au Salon devient l'*espoir de la nation*, « et un compositeur d'opérettes, quand il a fait chan- « ter trois turlututus sur une scène quelconque, est « baptisé l'*incarnation de la gaîté française*; le « moindre éloge qu'on décerne à un comédien est « *illustre*, car lorsqu'on dit de lui simplement qu'il « est *célèbre*, il se déclare offensé et ne vous salue « plus..., etc., etc.

« Je ne pense pas qu'à une époque quelconque, la « société parisienne se soit décerné entre elle un si « grand nombre de galons et qu'elle les ait portés « avec une plus belle naïveté! Tous sont en première « place; personne ne veut plus rester dans les rangs. « C'est comme une armée d'officiers supérieurs « sans soldats. Que de plumets, mon Dieu, que de « plumets! »

La Turquie, la Tunisie, le Maroc ont exploité de la manière la plus heureuse cette faiblesse de la grande nation, en lui expédiant des chargements de rubans, verts, jaunes, violets, de toutes les couleurs, qu'on débite dans les prix doux à ces pauvres gens altérés de distinctions. En contre-valeur, ces pays remportent les écus du peuple le plus spirituel du monde ! Heureuses gens que l'ordre du Nicham remplit d'une joie innocente et à bon marché.

Le ruban rouge ne s'achète pas, ou du moins pas facilement, mais il est acquis de droit aux fonctionnaires de toute livrée, après tant d'années de service.

Au ministère, le chef de bureau porte le ruban, le chef de division la rosette. L'ingénieur des ponts et chaussées le ruban, quand il atteint un certain âge; l'ingénieur en chef la rosette, et ainsi de suite.

S'il en est autrement, le fonctionnaire, lésé dans ses droits les plus sacrés, porte plainte. Il a été victime d'une injustice ou d'un oubli. C'est grave. Mais, direz-vous, les nominations doivent être motivées? Qu'à cela ne tienne. Il est bien entendu que l'on n peut obtenir une position *décorée* sans avoir rendu des *services exceptionnels*.

Dans ce pays, où règne l'égalité, en théorie du moins, une observation ne vous vient-elle pas à l'esprit ? Comment se fait-il que rarement, presque jamais, on ne découvre un ruban rouge sur une blouse bleue ?

Un ouvrier est-il à ce point incapable d'un acte de courage, de dévouement, d'une action d'éclat ? Non, sans doute, mais un ouvrier n'est pas un *Monsieur*, or le ruban est un apanage exclusif de la bourgeoisie.

Un préfet se jette à l'eau pour sauver son semblable, on le décore, s'il ne porte encore rien à la boutonnière (cas extrêmement rare). Un ouvrier fait de même, il reçoit une médaille de sauvetage, tout au plus le ruban du Mérite agricole.

Il y a quelque temps, un artiste célèbre de la Comédie Française fut nommé chevalier de la Légion d'honneur. Ce n'était que justice (pensez aux bataillons de nullités qui portent le ruban). Néanmoins, la presse commenta vivement cette nomination, qui donna lieu à une polémique sans fin.

Pourquoi ? Parce qu'un artiste, en dépit de tout son talent, n'est pas un véritable bourgeois.

Le *Figaro*, le *Gil-Blas* et d'autres donnent de temps en temps l'adresse d'une agence de titres de noblesse, de décorations, de brevets universitaires, etc. Lisez le procès de l'agence Buret, Soudry et Cie, c'est à mourir de rire.

Un Français fruit sec ne peut être ancien élève, entendez bien, ancien élève d'une école spéciale quelconque, sans le fourrer partout.

Un tel, ancien élève de l'Ecole des Chartres, de l'Ecole polytechnique. Il suffit, non d'avoir appris, mais d'avoir été admis à apprendre pour en tirer gloire. Nous avons sous les yeux une collection de cartes de visite qui rend songeur. Toutes les petites vanités du Français s'y retrouvent. Hélas! elle n'est guère précieuse cette collection, les cartes grotesques se ramassent à la pelle; voici cependant un *ancien élève du lycée de Nantes* plein de charmes.

Cette soif de galons ne tourmente pas la bourgeoisie seule, la classe ouvrière en est dévorée. Tout ouvrier veut être membre du bureau, secrétaire, trésorier, délégué d'un club de convulsionnaires quelconque. Combien seraient restés de bons ouvriers tout simplement, s'ils n'avaient espéré voir leurs sottises et leur nom imprimés dans la presse crapuleuse.

Un Français qui connaissait son monde a dit: «Vou- « lez-vous empêcher la révolution? C'est bien simple. « Décrétez qu'à l'âge de 21 ans tout Français sera de « droit chevalier de la Légion d'honneur et membre « honoraire au Conseil d'Etat. »

Avez-vous lu cette écœurante polémique à propos des médailles, décorations, diplômes, accordés aux personnes qui s'étaient distinguées pendant l'épidémie du choléra? Ces meetings à Marseille, ces réclamations dans les journaux, quel étalage puant de petites vanités, d'ambitions déçues, de jalousies mesquines! A quoi se réduisaient, après tout, tant de dévouements héroïques? à la passion nationale du colifichet!

Le Français tient beaucoup du Chinois, il n'apprend rien à l'étranger, se croit sorti de la cuisse de Jupiter, se trouve entre les mains de mandarins à un, deux ou trois boutons, et l'administration chinoise doit singulièrement rappeler la française; ne dit-on pas les *chinoiseries* de l'administration française? Mais pour être juste, il convient d'ajouter que les Chinois se multiplient, travaillent beaucoup et ne changent pas de ministres comme de chemises.

La transfusion de sang chinois dans les veines d'un Français ne serait pas au désavantage de ce dernier, tant s'en faut.

VII

Hypertrophie de l'Etat. — Ses divers métiers. — Son intervention en tout et partout. — L'Etat factotum. — Déclin de l'initiative privée. — L'Etat, c'est la maman du Français. — Pourquoi les entreprises de l'Etat sont ruineuses. — L'argent des contribuables. — Le coulage. — La grande épicerie par actions. — L'Etat et les entreprises mort-nées. — Accroissement vertigineux des dépenses. — De la dette française. — Budget ordinaire. — Budget extraordinaire. — Décroissance des rendements. — Un moyen inédit de sauver les finances françaises. — M. Léon Say et la fraude dans le recouvrement des impôts. — La politique dans les finances. — Manœuvres électorales. — Esprit étroit de l'électeur. — Où il n'y a rien, le peuple perd ses droits. — Aspect de la Chambre pendant la discussion du budget. — Compte rendu d'un journal sur la discussion. — Photographie de la Chambre discutant la loi des sucres. — Gaspillages de la République comparés à ceux de l'Empire.

Cette maladie du fonctionnarisme amène tout naturellement l'*hypertrophie de l'Etat*. Il n'y a pas de pays au monde où cet organe d'une nation, qui s'appelle l'Etat, prenne de tels développements. Chaque jour, l'objet gouverné se rapetisse, c'est le corps qui maigrit Chaque jour l'Etat augmente, c'est la tête qui d'énorme devient monstrueuse. Le Play a dit : « Quand la prospérité diminue, le gouvernement se développe aux dépens de la vie privée. »

En toute sincérité, nous ne connaissons pas de métier que l'Etat n'exerce. Il fait prêcher les curés, les pasteurs, les rabbins et danser le corps de ballet. C'est le grand maître d'école en France, c'est le seul ; il a mis la concurrence à la porte. Il enseigne à la jeunesse française ce qu'il veut, comme il le veut, depuis l'école communale jusqu'à l'école polytechnique, et les cervelles de la jeune génération sont moulées sur celle du ministre en place pour le quart d'heure. Il vend le boire et le manger, le coucher et le blanchissage aux internes de toutes catégories. Il enseigne sculpture, peinture, déclamation et tous les instruments depuis le violon jusqu'au modeste flageolet. Il entretient les théâtres, les laboratoires, les conservatoires, les observatoires, les académies, les bibliothèques, tous les arts, toutes les sciences. Il soigne les malades dans les hôpitaux, cultive le tabac, fabrique de la porcelaine, tisse des tapis. L'Etat tient sous sa patte l'armée et la marine, la magistrature et ce qui en dépend : douanes, ports, etc., postes, télégraphes et finances. L'Etat est ingénieur, forestier, entrepreneur de bâtisses en tous genres. Il construit des chemins de fer, fait des routes, des ponts, des canaux, des digues, creuse les ports, déboise et reboise ; c'est le grand et le seul colonisateur, et là, il faut admettre qu'il n'a aucune concurrence à redouter des particuliers. Il reçoit les économies de la nation et en prend soin, règle les prêts sur dépôts d'objets: matelas, oreillers, traversins, etc. — Ouf!

Les professions que l'Etat veut bien laisser encore aux particuliers sont surveillées par lui d'un œil jaloux. Il nomme le gouverneur de la Banque de France et du Crédit Foncier, les agents de change sont officiers ministériels; médecins, marchands de vin, pharmaciens, filles publiques, tous sont attachés par le pied à l'Etat. Il fourre son nez absolument partout. Durant son existence, un Français se heurtera sans cesse à l'Etat qui l'accable de formalités dès sa naissance et jusqu'après sa mort. Quoi qu'il veuille apprendre, il doit l'apprendre chez l'Etat, les trois quarts des professions ne peuvent être exercées sans examens déterminés par l'Etat, sans diplômes de l'Etat, etc., etc. Et notez bien que nous parlons du Français qui n'est pas fonctionnaire; mais aujourd'hui, qui ne l'est plus ou moins? Et tout cela n'est rien, attendez que l'on pratique sur une vaste échelle le socialisme d'Etat! Vous verrez alors l'Etat construire des logements à bon marché pour les ouvriers et toucher ses loyers; déjà industriel, il va fonder de grands ateliers nationaux et inventer du travail pour le pauvre monde qui chôme. Il se fera gargotier et vendra la soupe aux ouvriers (fourneaux économiques).

Enfin le député Bernard propose que l'Etat intervienne directement dans la reproduction de la race française en primant les familles nombreuses et en taxant les célibataires comme le demandent certains publicistes.

Loin de nous la prétention d'avoir donné une liste

complète des attributions de l'Etat, elles tendent vers l'infini. L'Etat, en un mot, furète partout, surveille, garantit tout ce qu'il ne fait pas lui-même.

A première vue, cet Etat factotum présente un aspect agréable, Fénelon ne rêvait pas autre chose.

L'erreur du système se reconnait cependant à ses conséquences; en voici quelques-unes:

1° Paralysie de ce qui peut subsister d'initiative privée. L'Etat lui fait une concurrence facile et irrésistible avec l'argent des contribuables pour lequel il a peu de respect. Docks, ports, chemins de fer, l'Etat se charge de tout, le particulier n'a plus à s'en mêler. Il lui suffit de souscrire aux obligations perpétuelles qu'émet cette vaste société anonyme de l'Etat, et (ce qui est plus fâcheux) de tirer de sa poche de quoi payer les intérêts sur les dites obligations. Le Français peut ensuite se croiser les bras, ce qu'il fait.

La nation en est arrivée à ce point de n'avoir confiance que dans les entreprises que l'Etat garantit ou subventionne. Elle n'est satisfaite qu'après avoir déposé son argent entre les mains de l'Etat, et cependant Dieu seul sait ce qu'il en fait.

L'ouvrier sans ouvrage, l'agriculteur, l'industriel, le commerçant aux abois, en appellent à l'Etat et réclament sa protection contre la supériorité de l'étranger.

C'est l'éternel cri de: « Maman! maman! oh maman! » que poussent les enfants au premier obstacle,

Comparez nos voisins au peuple anglais, qui construit ses chemins de fer, ses ports, ses docks, ses hôpitaux, ses collèges, ses théâtres, etc., fonde ses colonies sans rien demander à l'Etat, sinon une bonne politique.

Si votre entreprise végète, appelez-en moins à l'Etat, un peu plus à vous-même. Aidez-vous, le ciel vous aidera, mais de grâce, laissez maman tranquille.

2° Disparition rapide des deniers publics.

L'Etat, en effet, fabrique, entretient, cultive tout plus mal, par contre 60 % plus cher que le simple particulier. Opérant avec l'argent des contribuables, ses actionnaires, il ne *regarde pas à la pièce de cent sous.* Il lui manque l'œil du maître ou plutôt du propriétaire. L'Etat ne mettra pas à la porte des ouvriers qui l'auront filouté de quelques heures de travail, des fournisseurs qui auront livré des produits inférieurs, des centaines d'ouvriers qui se croiseront les bras du 1er janvier au 31 décembre. Pourquoi? Parce que ces ouvriers, fournisseurs, employés sont surveillés par d'autres fonctionnaires qui travaillent pour l'Etat avec les deniers de la France et non pour eux-mêmes avec leurs propres deniers.

Alors que le simple particulier se voit obligé par ses intérêts stricts de renvoyer un employé fidèle quand l'ouvrage fait défaut, ou de renoncer par prudence à telle ou telle entreprise, l'Etat trouve moyen d'augmenter le nombre, le traitement de ses commis, d'avancer l'âge de leur retraite, alors que le budget se solde par des déficits croissants, et de se lancer dans des opérations dont aucun membre du gouvernement ne voudrait pour son propre compte.

Si l'Etat était une vaste compagnie par actions, il y a longtemps que directeurs et administrateurs auraient comparu devant les tribunaux ou les spécialistes de Charenton.

M. Paul Leroy-Beaulieu observe que « l'Etat commence tout à la fois; il reste 10, 12, 15 ans à achever un travail; les ingénieurs de l'Etat ont un penchant des plus coûteux pour l'esthétique. Les trois quarts des sommes dépensées en chemins de fer aujourd'hui en France sont perdues pour le pays et il en est de même, à un plus haut degré peut-être, des travaux de canaux et de ports. »

De plus en plus, la France ressemble à une grande épicerie par actions, qui tiendrait aussi des légumes, de la mercerie, de la papeterie, etc., et dont tous les clients seraient administrateurs. Aucun ne croit avoir dans l'affaire assez d'intérêts pour en surveiller la marche, arrêter le gaspillage. Tous les ans, nouveaux déficits, nouveaux appels de fonds et on continue. Que voulez-vous! le Français s'imagine que l'Etat est une sorte de nabab immensément riche, qui, tous les soirs, met ses souliers dans la cheminée et les retire le lendemain plein de pièces de cent sous. Voilà qui explique les exigences de l'ouvrier en particulier, de la nation en général.

Malheureusement, l'Etat c'est tout le monde, c'est vous, c'est nous, et l'argent qui sort des caisses de l'Etat sort de nos poches. Quand on a vidé lesdites caisses, aucune divinité mystérieuse ne les vient remplir, c'est vous qu'on prie de le faire. Tout cela n'est pas de nous, mais d'un célèbre M. de La Palice, que tous les Français raillent sans le connaître, ni l'apprécier.

Lorsqu'il s'agit d'une entreprise dont l'industrie

privée ne se soucie aucunement, d'un chemin de fer mort-né, d'un canal qui conduirait toute société privée à la faillite, d'un port idiot, on s'adresse à l'Etat qui, le cœur léger, entreprend n'importe quelle absurdité avec l'argent de tous, ou, pour faire plaisir à quelques spéculateurs malheureux, se charge d'un stock de non-valeurs comme les obligations d'Alais au Rhône.

On se plaît à répéter que la France est riche. Oui, mais ce qui s'applique aux petites fortunes s'applique également à la sienne, à moins qu'il n'y ait des grâces d'Etat. Quand on emprunte sans cesse, qu'on ne rend jamais, quand, chaque année, on entame un capital déjà fortement déprécié, qu'arrive-t-il, M. de La Palice?

Du reste, la France a tout fait pour élever ses dépenses à la hauteur de la richesse publique, et a réussi au-delà de toute espérance. De 1878 à 1884 elles ont augmenté en moyenne de 100 millions par an, soit de plus de 467 millions en cinq ans.

En 1804 les dépenses totales de l'Etat s'élevaient à 949 millions; en 1852 à 1 milliard 513 millions; en 1869 à 2 milliards 209 millions; en 1883 le budget ordinaire à 3 milliards 44 millions, l'extraordinaire à 529 millions, celui des ressources spéciales à 416 millions, soit en tout 3 milliards 989 millions, près de 4 milliards, que l'on dépasse de beaucoup si l'on y ajoute le budget des communes!

« Tous ces chiffres donnent le vertige, les millions « du commencement du siècle sont devenus des « milliards. Les villes, les communes, les bourgades « ont suivi ce mouvement prodigieux de dépenses. »

En 1800 le budget total de la France était de 825 millions, à l'heure actuelle la ville de Paris, à elle seule, possède un budget de 263 millions, ses dettes et ses capitaux passifs forment une somme de fr. 1,912,948,775, soit fr. 961 93 par tête!

La dette, que rien ne vient amortir, progresse dans la même proportion. De fr. 1,266,152,740 en 1815, elle s'élevait à fr. 20,355,794,596 en 1879, et à fr. 23,246,530,666 en 1881, sans compter la dette flottante. C'est en un mot la dette la plus formidable que l'on ait jamais connu. L'Angleterre est distancée et de beaucoup.

« Les charges permanentes qui nous ont été lé-« guées par la guerre et la Commune sont d'environ « 800 millions, tout compris; or depuis 1870 nos « charges budgétaires se sont accrues de un milliard « trois cent millions. » (O. Noël, Etude de la gestion financière en France depuis 1871.)

Le budget ordinaire se décompose de la manière suivante pour les années 1869, 1876 et 1883:

Services	1869	1876	1883
	Millions	Millions	Millions
Frais de perception	221,7	245,5	321,3 (!)
Dette publique	468,7	1,132,1	1,283,1 (!)
Votations	51,2	33,6	36,5
Finances	25,7	24,3	19,9
Postes et télégraphes	—	—	12,1
Guerre	384,1	813,4	668,4
Marine et colonies	175,8	193,4	252,7
Affaires étrangères	13,9	11,3	14,3
A reporter: Millions	1,341,1	2,453,6	2,608,3

Services	1869	1876	1883
Report : Millions	1,341,1	2,453,6	2,608,3
Intérieur	75,5	98,3	69,7
Justice	36,1	35,0	36,0
Cultes	54,5	53,9	53,5
Instruction publique	27,5	39,7	116,8
Beaux-Arts	10,6	7,1	16,9
Travaux publics	125,1	215,5	587,4
Agriculture et Commerce	12,3	18,4	47,1
Algérie	38,0	28,4	—
Remboursement	10,5	44,5	21,2
Dépenses extraordinaires	118,8	3,142	529,1
Totaux : Millions	1,859,0	3,308,6	4,086,0

Le budget extraordinaire, inventé en 1879, n'a pas tardé à mériter son nom. Il se chiffrait en :

1879 à 285 millions.
1880 à 479 »
1881 à 707 »
1882 à 765 »
1883 à 529 »

Ce petit budget extraordinaire a nécessité pendant cette période des emprunts en 3 % amortissables (s'il plait à Dieu !) pour une somme de deux milliards sept cent quarante-neuf millions.

Arrêtons-nous ici et respirons, l'aspect de ces montagnes...

Le crédit de l'Etat n'a pas augmenté tout à fait dans les mêmes conditions. L'emprunt de 1881 3 % était émis au taux de fr. 83 25, celui de 1884 à fr. 76 60. En cas de guerre avec l'Allemagne, à quel taux pourrait-on bien émettre du 3 % ?

« Il n'y a pas lieu de s'inquiéter, disait M. de Frey-
« cinet, c'est même avec une certaine fierté qu'il faut
« envisager la situation des finances de la Répu-
« blique. »

Fallait-il donc que M. de Freycinet eût envie d'être fier de quelque chose! Il semble depuis avoir baissé de ton.

En France tout décline, tout s'amoindrit, seul le budget reste grand et va grossissant. Ce budget de 4 milliards présente un aspect majestueux.

Il y a quelque chose de grandiose à voir une nation jeter, avant de sombrer, ses millions par les fenêtres!

A ces embarras financiers, nous ne voyons qu'un remède: monter trois ou quatre grosses loteries chaque année. Le 1er numéro gagnant donnerait droit à la grand'croix de la Légion d'honneur, il y aurait ensuite 4 ou 5 commandeurs, 200 à 300 officiers, 2,000 à 3,000 chevaliers, 20,000 à 30,000 rubans de Mérite agricole et palmes d'académie. Ce serait pour le gouvernement un profit net; mais trouverait-on assez de Français non décorés pour souscrire?

L'accroissement des dépenses coïncide avec un ralentissement dans la plus-value des impôts. La paralysie du commerce, la perte de la vigne, la baisse des valeurs mobilières et immobilières, tout contribue à diminuer les rendements (sauf pour le papier timbré! le tabac!! et l'alcool!!!)

L'année 1885 présente un déficit de 37 millions sur les évaluations budgétaires, et de 5 millions sur les résultats de l'année précédente.

N'oublions pas la fraude qui, tous les jours, ne fait que croitre, embellir, et qui caractérise bien le relâchement de la morale publique !

M. Mathieu Bodet écrit à ce sujet [1] :

« M. Léon Say a esquissé d'une manière saisissante « le tableau des faits qui se produisent chaque jour. « Il constate, avec pièces à l'appui, l'intervention « des sénateurs et des députés dans l'administration « des finances de l'Etat, l'impuissance des agents de « répression, et les pertes importantes qui en résultent « pour le trésor. Il dit que les contribuables s'habi- « tuent à croire que l'application des lois fiscales dé- « pend de la volonté arbitraire du ministre, et qu'ils « sont entretenus dans cette croyance par les mem- « bres du Parlement eux-mêmes, qui font les lois « et s'opposent ensuite à ce qu'elles soient exécu- « tées.

«... Du train où vont les choses chez nous, il sera « bientôt très bien porté de faire partie du monde « des fraudeurs ; les gens seuls qui n'ont pas de cré- « dit s'en trouveront exclus.

« En réalité il n'y a plus de répression et la fraude « devient de droit commun. »

Les impôts rentrent toujours plus difficilement ; pour les neuf premiers mois de 1884, les frais de poursuites se sont élevés à 1.25 ‰ soit mille deux cent cinquante francs pour le recouvrement d'un million !

Lorsque l'on considère de quelle allure on mène la France à la banqueroute, on se demande com-

[1] *Journal des Economistes*, août 1883.

ment des hommes honnêtes, raisonnables, attachés à leur pays, peuvent tolérer cette progression véritablement inouïe des dépenses; bien plus, les encouragent et votent un budget de quatre milliards, sans réfléchir au gaspillage effréné, au nombre de sinécures, aux doubles emplois, au *coulage*, en un mot, que cette somme formidable doit représenter.

Hélas! les citoyens qui arrivent au Palais-Bourbon n'ont pas été élus pour leurs beaux yeux et pour leurs talents (ce dont on s'aperçoit sans peine).

Il leur a fallu promettre une récompense, une prime d'élection. La politique française n'est guère qu'une politique de réclame électorale. Un pont, un bout de chemin de fer, un port, une caisse de retraite, un fonds de pensions, un *palais scolaire*, des encouragements à telles ou telles branches de l'agriculture ou de l'industrie, etc., etc., voilà ce que l'électeur réclame de son mandataire avant tout ; les intérêts généraux du pays viennent après.

Pierre ou Paul se montre beaucoup plus désappointé s'il apprend le rejet d'un petit projet d'intérêt local, que s'il constate les nouveaux déficits du budget.

Aux dernières élections, certains candidats réactionnaires ont promis aux paysans de les débarrasser du phylloxéra.

M. Clovis Hugues, dans une lettre à la *Lanterne*, se plaint des obsessions dont il est l'objet de la part de ses électeurs. Jamais ces solliciteurs n'auraient été aussi impudents, aussi acharnés.

On se sert d'un député comme d'un vilbrequin à trouer le budget.

Ce raisonnement égoïste, répété 30 millions de fois, mène tout naturellement un pays à la ruine, car Pierre et Paul sont électeurs et maitres absolus. Lorsque, par extraordinaire, la Chambre refuse tel ou tel crédit déraisonnable, la France applaudit, mais l'électeur intéressé tempête. Or, les électeurs font les députés qui font les ministres, et les effets présentent toujours une certaine analogie avec les causes.

La France est fort peu représentée à la Chambre, l'électeur l'est beaucoup trop. M. Gambetta réclamait les élections au scrutin de liste ; la France, disait-il, serait un peu mieux défendue, le clocher un peu moins.

Pour dire à l'électeur: « Tout ce que vous me demandez est utile et excellent, j'ajoute même que si « on construisait quatre fois plus de chemins de fer, « quatre fois plus de ponts, d'écoles, etc., tout en « réduisant les impôts de moitié, cela vaudrait encore mieux ; malheureusement le Trésor est vide « et où il n'y a rien, le peuple perd ses droits. » Pour tenir ce langage, il faut un homme courageux qui se moque de ses neuf mille francs de traitement et de son titre de député; mais un tel homme ne serait pas élu, dans tous les cas pas réélu.

Vous nous direz que la Chambre va certainement refuser le crédit demandé par le député Trifouillard pour la construction d'une voix ferrée entre les obscurs villages de X et Y (Sénégal). Erreur complète.

1° Il n'en coûte rien à la Chambre de gaspiller deux ou trois millions de plus pour faire plaisir à un collègue, c'est l'*Etat* qui paie.

2° Le suffrage de Trifouillard est précieux pour voter l'érection d'un palais scolaire dans la bourgade perdue de Z.

Nous avons assisté à plusieurs séances de la Chambre, discutant le budget au moment où la gestion de ses finances doit inquiéter la France plus que n'importe quoi. Nous y avons retrouvé nos petits écoliers débarrassés de leur pion. La voix des orateurs est régulièrement couverte par le bruit des conversations particulières (c'est l'expression consacrée). Les galeries sont vides, on vote sans écouter, sans savoir de quoi il s'agit. A tout moment le Président déclare que la Chambre n'est pas en nombre.

Des chiffres, la chose publique, la fortune publique, qu'est-ce que c'est que ça ? Ah ! si on prévoyait un incident, si on croyait pouvoir *tomber* le ministère sur une question brûlante, si on supposait que deux députés se prendraient aux cheveux, allaient s'insulter, se provoquer, qu'il y aurait des vociférations, des rappels à l'ordre, censures, expulsions, une scène bien scandaleuse, oh ! alors les galeries seraient bondées, la salle pleine comme un œuf ; les députés malades se feraient apporter au spectacle ; les sénateurs, suivant leur habitude en pareil cas, déserteraient le Luxembourg en masse pour assister à la petite scène des Halles. Mais quoi ! des chiffres, toujours des chiffres ! pas de prise de bec, pas d'incident ! Les journaux résument le tout en quelques phrases dédaigneuses et ajoutent : « On annonce pour « demain l'interpellation X, Y, Z au ministre de la « guerre, relative à la présence de plusieurs officiers « du 104e à la messe du St-Esprit, etc. La discus-

« sion promet d'être orageuse, on dit que... on assure « que... le bruit court que... et patati patata. »

Triste représentation nationale ! La manière dont la Chambre a bâclé le budget de 1885 est un scandale sans précédent. Nous constatons que les journaux les moins orthodoxes se sont indignés de ce manque de pudeur. Le *Figaro* donne la description de l'une de ces honteuses journées parlementaires.

« La séance commence à une heure ; mais la salle « est vide. Ces messieurs déjeunent ou fument leurs « cigares. Et puis, cette Chambre est arrivée à un « tel point d'impuissance, d'indifférence et d'incurie, « qu'elle n'est plus capable d'écouter une discussion « comme celle du budget. Il n'y a pas cent députés « à leur place pour voter les millions qui émaillent « les chapitres de notre bilan national. M. Perrin a « beau constater et déplorer cette absence générale, « les bancs continuent à rester veufs et orphelins. »

Extrait de la séance du 18 décembre 1884 :

M. DE LANJUINAIS *constate que la Chambre continue à voter un budget de 3 milliards devant des banquettes vides.*

M. LE COMTE DE MACKAU *ajoute qu'il n'est pas possible de continuer la discussion dans de semblables conditions.*

M. DESSON DE ST-AIGNAN *dit qu'il serait plus simple de voter le budget en bloc.*

On s'en débarrasse vivement de ce malheureux budget.

« En l'espace d'une heure à peine, on a expédié

« six ou sept budgets et voté un nombre incalculable « de millions.

« C'était purement vertigineux, et les députés eux- « mêmes semblaient ahuris de cette infernale sara- « bande de chiffres. » (*Gil-Blas*, 29 juin 1885.)

Voici, à ce sujet, une jolie boutade d'Albert Millaud :

« Entrrrrez, Messieurs, Mesdames... Prrrrenez vos « billets... C'est ici le Palais-Bourbon, là ousqu'on « discute le budget... Faut voir ça... C'est ce qu'on « a fait de plus fort en matière d'escamotage, depuis « Bosco et Robert Houdin !... Quinze cent cinquante « millions escamotés... Pffff... en deux jours... Qua- « rante millions à la minute !... On n'a jamais vu ça... « Ça dépasse l'électricité elle-même... Entrrrez, pla- « cez-vous... et tâchez de saisir le moment précis... « à cause de la rapidité.

« Tenez, Messieurs, Mesdames,.... je place sur « la table... devant tout le monde... un budget, un « petit budget... les Postes et les Télégraphes... une « vingtaine de millions... Vous les voyez, vous les « sentez, vous les touchez... Pffff... passez, disparais- « sez... ça y est ! Ils y étaient, ils n'y sont plus... « disparus, envolés, évaporés... rien dans les mains, « tout dans les poches.

« Ce n'est rien encore !... voici quatre budgets à la « fois : l'Imprimerie Nationale, la Légion d'honneur, « l'Algérie, les Invalides... regardez-les bien... Une ! « deux ! trois !... Pffff, disparus... Où sont-ils ? Je « n'en sais rien... ni vous, ni personne !... Et vous me « demanderiez de les faire reparaître, je ne pourrais « pas... N'applaudissez pas... ce n'est pas tout ! voici

« l'Intérieur... Il paraît énorme, n'est-ce pas ? Je le « prends dans ma main, je le roule, je le pétris, je le « pulvérise... plus rien... Et la Guerre ? Partez, mus- « cade ! Plus rien... Et l'Instruction publique ?... Un « tour de gobelet (pardon, Messieurs, Mesdames) ! « Bonsoir l'Instruction publique...

« Voillllà, Messieurs, Mesdames ! ça fait un total « de quinze cent millions en deux jours ! Qu'on se « le dise et qu'on se dépêche... car de cette vitesse « il ne restera bientôt plus rien à voir ! Entrrrez, « Messieurs, Mesdames... Entrrrez... le public est « prévenu qu'on ne rend pas l'argent !... Allllez, la « musique !... »

Les discussions industrielles et agricoles ressemblent à celles du budget. En voici un compte rendu entre mille :

« Les sucres ! question grave, s'il en fut jamais, « mais terrible, cruelle à entendre discuter par 35 « degrés de chaleur. Aussi la salle des séances est- « elle vide comme l'Arabie-Pétrée, désolée comme « l'Enfer du Dante, abandonnée comme Ariane. Les « tribunes béantes encadrent largement quelques « têtes de provinciaux égarés, qui écoutent M. des « Rotours de leur air le plus ahuri...

« L'impôt sur la betterave lui fournit une série de « variations auprès desquelles celles du *Carnaval de* « *Venise* ne sont que de la petite bière.

« Je demande la permission à M. des Rotours de « ne pas fatiguer le lecteur avec les sucres...

« Il est 5 heures. Une vive lassitude s'empare de « l'auditoire. Il ne reste bientôt plus que l'orateur à « la tribune. »

Au surplus, qu'importe? la majorité des députés a-t-elle reçu les premières notions économiques?

« Entre tant de questions qu'ignorent en France « députés et ministres, et qu'ils veulent, cependant, « à chaque instant agiter, il n'en est pas où leur in- « compétence éclate d'une façon plus manifeste que « les questions de finances. Ils semblent ne pas con- « naitre même le sens des mots: impôts, emprunts, « monopoles, taxes directes, taxes indirectes, sur- « taxes, tous ces vocables et toutes les réalités qu'ils « expriment se heurtent dans leur cerveau, y produi- « sant les associations et y subissant les déviations « les plus étranges. »

(Paul Leroy-Beaulieu.)

On se plait à parler des gaspillages de l'Empire; que penser de la République librement administrée par le suffrage universel? *Après nous le déluge!* telle doit être sa véritable devise; effacez-donc votre Liberté, Egalité, Fraternité, qui fait rire doucement!

Si la France voulait se relever, il serait temps pour elle d'opposer au Reichstag allemand et au Parlement anglais autre chose que cette bande d'écoliers qui s'en viennent faire du *chahut* au Palais-Bourbon.

« Si les finances de la France étaient détruites, « disait M. Léon Say, notre pays serait réduit au « rang des dernières puissances. »

VIII

Colonies. — Recette pour la fabrication de colonies sans colons. — Comment on prépare une nouvelle annexion. — Le Français et la mappemonde. — *Arie* sur le prestige du pavillon français. — Enthousiasme de Don Quichotte. — Comment sont menées les opérations militaires et les négociations. — Multiplicité des généraux en chef et des chargés d'affaires. — La carte à payer. — Envoi d'une cargaison de fonctionnaires. — Lettre curieuse de M. Félix Faure. — La France devra se contenter de colonies sans colons. — Algérie. — Quelques chiffres édifiants de M. Delafosse. — Les Guyanes anglaise et française. — La Tunisie. — Le Congo. — Comment les Anglais colonisent. — Le Français est-il colonisateur ? — Commerce maritime, navigation intérieure ; leur état anémique.

Nous continuerons notre petite étude sur l'hypertrophie de l'Etat en parlant de l'ingérence du gouvernement dans les questions coloniales. Elle produit quelques résultats amusants.

Le vulgaire s'imagine que les colonies se fabriquent au moyen de colons ; c'est, en effet, une excellente chose pour une colonie que de posséder quelques colons, mais lorsque les colons manquent, il faut s'en passer et faire l'omelette sans œufs. En voici la recette :

Le gouvernement en activité pour le quart d'heure se dit en souriant : « Tiens, nos colonies sont vides ! « La statistique officielle nous apprend qu'en 1878, « 870 émigrants français se sont embarqués pour « l'Algérie ; en 1879, 649 ; en 1880, 352 ; en 1881, « 231, et l'émigration *totale* de la France *pour toutes « les parties du globe* s'est élevée, en prenant la « moyenne des quatre années 1878-1881, à 3,754 par « an, tandis que pendant cette période, 161,519 émi- « grants étrangers s'embarquaient dans les ports « français.

« 55 % de la population *européenne* de l'Algérie « se composent d'Espagnols, d'Italiens, d'Allemands « et de Maltais. Ces colonies nous coûtent beaucoup, « ne rapportent rien, et les finances de l'Etat s'épui- « sent rapidement. En Europe, notre position isolée, « la puissance et l'hostilité de nos voisins, nous font « un devoir de veiller à ce qu'au premier signal la « France soit en état de porter à la frontière la tota- « lité de nos forces. Eh bien, nous allons traiter tout « cela par l'homéopathie. »

Et un beau matin, la France charmée apprend que pour faire respecter un traité découvert en époussetant les archives, on va protéger un point quelconque d'une côte quelconque. Il va sans dire que le dit point est un excellent débouché commercial, que le pays produit en abondance tout ce que le cœur peut souhaiter, qu'enfin les indigènes, à la première apparition des Français, donnent tous les signes de la joie la plus vive.

Nos voisins ignorent naturellement qu'un tel pays existe sur la surface du globe ; on va quérir une mappemonde. Ici, une parenthèse : il est très amusant de voir un membre de la grande nation chercher à s'orienter sur la mappemonde. Elle est pour lui une source perpétuelle d'étonnement que traduisent des exclamations naïves :

« Tiens ! alors tout cela c'est de l'eau ! Tiens ! « comme l'Asie est plus grande que l'Europe !... et « la France, où est-elle la France ? » On cherche la France partout.

« Tiens ! la voilà là-haut. C'est pas grand ! »

Trente millions d'entre les Français apprendront que les crédits sont votés, que les troupes partent, sans avoir la moindre idée de ce que l'on va prendre. Est-ce une île, une ville ou un continent ? Est-ce en Afrique, en Asie ou dans la lune ?

M. Paul Bonnetain, un Français qui, par extraordiaire, connait l'Extrême-Orient, écrit dans un article sur les *prétendues colonies de la France :*

« L'Anglais sait toujours où il va. Le Français, par « contre, ne sait pas toujours d'où il vient. Il n'ap- « prend, quand il daigne l'apprendre, la géographie « de sa future résidence qu'en parcourant celle-ci. « Aussi bien ses gouvernants lui donnent-ils l'exem- « ple. Nous avons eu M. Jules Ferry, qui ignorait la « situation de Formose, et M. de Freycinet qui, au « Sénat, prit El-Kantara, garage du canal de Suez, « pour une ville !... Cette ignorance fait rire de nous « à un point dont Paris n'a pas idée !

Au Parlement, on s'émeut pour 9,000 fr. par an. C'est une belle occasion de faire naitre un incident, de manifester, de renverser le gouvernement qui, déjà, tient le pouvoir depuis six semaines, le goulu !

L'opposition démontre qu'une énorme boulette est en préparation. On n'entre toutefois pas dans le détail. L'ignorance de la Chambre sur la position, les ressources, le commerce, la configuration, le climat, la constitution, les mœurs du pays qu'on va *protéger*, empêche de rien approfondir.

Le gouvernement, s'il n'est pas bête, évitera la discussion, il se contentera de sonner du cor.

« Songez, Messieurs, au prestige du pavillon fran-
« çais. » *(Acclamations prolongées.)*

« L'honneur de la France exige, Messieurs,... » *(Acclamations prolongées.)*

« Maintenons, Messieurs, maintenons haut et ferme
« le pavillon de la France aux extrémités du globe. » *(Acclamations prolongées.)*

Et lorsqu'un commandant Rivière se fait tuer par quelques malheureux sauvages défendant leur pays, la tâche du ministère devient un simple jeu d'enfants et son triomphe est inévitable.

« Se retirer, Messieurs, sans venger la mort de
« l'héroïque commandant Rivière ! et l'honneur de
« la France, y songez-vous, Messieurs ? »

Alors ce ne sont plus des acclamations, c'est du délire, ce sont des convulsions patriotiques. L'enthousiasme suffoque ces pauvres gens. Adieu, raison ; adieu, prudence ; adieu, économie politique ! Don Quichotte vient d'apparaître sur son cheval de bataille. A genoux !

Un homme de bon sens prétendit qu'il ferait applaudir, par n'importe quelle assemblée française à jeun, la phrase creuse, bête et sonore que voici :

« Oui, la France, c'est la France ! et les Français « sont les Français ! »

Nous ne le croyons pas, nous en sommes sûrs.

Combien de fautes commises en France, combien de millards gaspillés, de régiments massacrés sur des déclamations de ce genre !

On vote donc les hommes et les millions. Le gouvernement envoie de l'infanterie, de l'artillerie et de la cavalerie coloniser le pays et entamer les relations commerciales. Il va sans dire que les indigènes ne se frottent pas longtemps à l'administration française sans se révolter. Les Français s'en révoltent bien, eux !

L'expédition s'éternise ; les généraux qui la commandent changent presque aussi souvent que les ministres dont ils reçoivent les ordres, et le plan de campagne se modifie une dizaine de fois, comme pendant l'étonnante expédition du Tonkin. Les uns veulent des renforts, les autres n'en veulent pas. Pendant ce temps, les ministres se succèdent avec la rapidité d'usage. L'un veut frapper un grand coup, son successeur préfère les atermoiements, et les puissances désintéressées s'amusent beaucoup.

« Décidément, nous sommes en pleine décadence ! » Telle est la dernière phrase de la dernière lettre de l'amiral Courbet, plus découragé par les chinoiseries de son gouvernement que par la résistance des Chinois.

Cependant les millions disparaissent et les hommes aussi ; il en faut encore et toujours, bien que l'adversaire soit, comme toujours, une quantité négligeable ! (comparé à la grande nation.)

Qu'importe ! En jouant un petit air de bravoure sur l'honneur du pavillon français, sur l'ardeur de *nos héroïques soldats*, en affirmant que la France c'est la France, et les Français sont les Frrrançais, on fait voter un nombre indéfini d'hommes et de millions.

Enfin, si tout va bien, en prodiguant la chair à canon et l'argent, en laissant là-bas de fortes garnisons, en livrant des escarmouches toute l'année, on parvient à dresser ce malheureux drapeau tricolore, qui devrait être rouge de tout le sang qu'il a fait verser.

On négocie la paix en expédiant, l'un après l'autre, six plénipotentiaires à la nation vaincue, chacun avec des instructions différentes [1]. On fait revenir les blessés et les malades auxquels on a prodigué les éloges à la tribune et dans les journaux, mais qu'on laisse pour la moitié périr, faute de nourriture, de vêtements et de soins.

Aussitôt la nouvelle colonie voit arriver plusieurs chargements de fonctionnaires : gouverneur, intendants, chargés d'affaires, administrations de l'intérieur, de l'extérieur, judiciaire, financière, militaire, policière, etc., et on attend les colons de pied ferme.

Il est inutile d'ajouter que l'on attend en vain, malgré des encouragements officiels capables de décider les Rothschild à émigrer.

M. Félix Faure, sous-secrétaire de la Marine et des Colonies, écrivait le 3 janvier 1884 :

[1] Pardon, huit, si nous joignons le nom de M. Paul Bert à la liste.

« Des passages gratuits sont accordés aux familles « d'émigrants qui désirent obtenir des concessions « de terres à la Nouvelle-Calédonie. L'administration « locale a été invitée à tenir des lots de terrain à la « disposition des émigrants immédiatement après « leur arrivée à Nouméa. Indépendamment des con- « cessions, il est accordé quelques mois de vivres à « titre gratuit, ainsi que les outils, grains et semences « aux colons dont les efforts méritent d'être encou- « ragés. »

Croiriez-vous qu'avec de pareils stimulants on ne parvient pas à détacher de Paris un seul des 50,000 ouvriers qui prétendent y mourir de faim !

Le commerce de presque toutes les colonies françaises se borne aux importations de drap, blé, vin, articles divers nécessaires à l'armée d'occupation et aux fonctionnaires. Pardon ! les Anglais et les Allemands, colonisateurs infatigables, essayent parfois de s'établir à l'ombre du pavillon français. La tentative est difficile, car il étouffe le pays.

De Français, vous en trouvez peu ou pas, et cela pour une excellente raison : la France se fait trop vieille pour sortir de chez elle. C'est aux nations jeunes et vivaces qu'appartient le rôle de colonisateurs, à celles dont le trop-plein croissant tend à s'échapper et à remplir les espaces vides. En France, où est ce trop-plein ? C'est la France que les étrangers colonisent. Allemands, Suisses, Belges, Italiens, tous arrivent. Jadis, avant la décadence, quand l'administration française restait chez elle, les Français fondaient au Canada, à la Nouvelle-Orléans, dans les Antilles, dans les Indes, des colonies avec de véritables colons en chair et en os et un commerce effectif. Aujourd'hui, ces velléités de jeunesse, ces prétentions d'imiter l'Angleterre font rire doucement. Voyez-vous cette nation devenue sédentaire, qui voudrait encore sortir de chez elle et courir le monde comme dans ses jeunes années! Quand on en est réduit à se liguer chez soi pour la protection des Français en France, contre l'émigration des étrangers, on ne va pas ouvrir aux quatre coins du monde des colonies plus grandes que la métropole. Quand on galoppe sur le chemin de la ruine, on ne va pas s'amuser à semer les millions aux extrémités du globe, au profit du commerce allemand et anglais.

Aux colonies françaises, en fait de Français il n'y a que des fonctionnaires administrant des étrangers et des sauvages.

La géographie nous apprend que l'Algérie est une colonie française. Pourquoi française? se demande un économiste, est-ce parce que les millions de la France s'y engouffrent aux profit des étrangers?

Conquérir, voilà ce que les Français appellent coloniser. Coloniser, c'est bombarder un pays de soldats, puis de fonctionnaires. Lisons ensemble quelques extraits d'un discours prononcé par M. Delafosse, à la Chambre, sur la question du Tonkin, les 8 et 9 décembre 1883; il donne une idée fort exacte de la colonisation à la française:

« Cette statistique, Messieurs, nous donne des « chiffres édifiants, décisifs, que je vous demande la « permission de replacer sous vos yeux.

« L'Angleterre fournit annuellement 181,000 « émigrants; l'Allemagne, 103,000; la Suède et la

« Norvége, 64,000; l'Italie, 32,000; la France, « 3,754. »

Un membre à gauche: « Cela prouve qu'en France « on est plus patriote! » (*Bruit.*)

« La France fournit donc moins de 4,000 émi- « grants, dis-je, dont les trois quarts s'en vont aux « Etats-Unis ou à la Plata; 3,000 à peine vont en « Algérie; le reste se disperse un peu partout; « aucun d'eux ne va dans les autres colonies fran- « çaises...

« Lorsqu'on parle de la Cochinchine, on ne man- « que jamais d'y joindre des épithètes élogieuses; on « dit: notre grande, notre magnifique colonie de la « Cochinchine.

« Eh bien, je vais vous apprendre ce que c'est que « la Cochinchine, et ce qu'elle vaut!

« Messieurs, nous possédons la Cochinchine de- « puis un peu plus de vingt ans. Nous y avons fait « d'immenses travaux, nous y avons réalisé d'im- « menses progrès; nous l'avons, en un mot, dotée de « tous les éléments qui pouvaient assurer sa prospé- « rité, sa force d'expansion, sa richesse et sa gran- « deur. Savez-vous, après vingt ans de sacrifices et de « possession, quel est le chiffre actuel des Français « établis en Cochinchine? Il y a 1,862 Français, dont il « faut défalquer 220 Asiatiques d'origine, naturalisés « Français; ce qui réduit le nombre des nationaux « de France à 1,642. Et ces 1,642 Français, — notez « ce détail, Messieurs, — sont tous des fonction- « naires!...) (*Exclamations et rires à droite et à « gauche.*)

« ...Nous ne faisons de colonisation que pour faire

« de l'exportation bureaucratique. » (*Très bien! très*
« *bien! et rires à droite.*)

« Voulez-vous que je vous cite, à titre d'exemple,
« l'organisation administrative de la Cochinchine?
« Le tableau est édifiant. Au sommet, un gouverneur
« général; puis, au-dessous de lui, une direction de
« de l'intérieur, avec un secrétariat général et quatre
« bureaux; et si je vous disais les attributions de
« chacun de ces bureaux, vous y retrouveriez le cal-
« que exact des bureaux de nos ministères et de nos
« préfectures,

« Puis une subdivision en 22 arrondissements avec
« un personnel de :

« 2 administrateurs généraux;

« 9 administrateurs de première classe;

« 9 administrateurs de seconde classe ;

« 9 administrateurs de troisième classe;

« 9 administrateurs stagiaires. »

M. Paul de Cassagnac. — Et pas d'administrés!

M. Delafosse. — « Quant à l'organisation judi-
« ciaire :

« Une cour d'appel,

« Un procureur général,

« Un avocat général,

« Deux substituts,

« Un président,

« Un vice-président,

« Quatre conseillers.

« Quatre conseillers auditeurs,

« Un greffier.

« Huit tribunaux de première instance, avec le
« personnel des Tribunaux de France, auquel il faut

« ajouter le corps des huissiers et des avocats défen-
« seurs, qui sont nommés et appointés par le gou-
« vernement... Pour assurer la vie à cette colonie de
« fonctionnaires, la France fait à la Cochinchine une
« subvention annuelle de fr. 4,798,733, non compris
« la solde et les frais de passage de la garnison et
« des fonctionnaires, qui restent à la charge du bud-
« get de la Marine.

« ...*L'Allemagne n'a pas de colonies, et son com-
« merce extérieur croît dans des proportions tellement
« inquiétantes pour le nôtre, qu'un de nos collègues,
« l'honorable M. Lockroy, a jeté récemment ce cri
« désespéré que je jette à mon tour du haut de la tri-
« bune: «Prenez garde qu'au Sedan militaire, ne s'a-
« joute un Sedan industriel.* »

« Voici, pour vous édifier, quel est le tonnage des
« bâtiments des trois nations d'Europe qui font le
« commerce avec la Chine:

« L'Angleterre, 10,813,779 tonnes ;
« L'Allemagne, 882,356 »
« La France, 172,381 »

« Quant aux maisons de commerce étrangères
« établies en Chine, en voici le compte:

« Maisons anglaises . . . 298
« Maisons allemandes . . . 56
« Maisons françaises . . . 12 [1]

M. Georges Grison écrit dans le *Figaro*:

« Le voyageur qui se rend à Cayenne passe d'a-

[1] Quand il a prononcé ce discours, M. Delafosse semblait prévoir les conséquences de cette farce sinistre appelée l'expédition du Tonkin.

« bord par le paquebot à Demerari (George-Town),
« il est émerveillé de cette capitale, du commerce
« qui s'y fait ; de nombreux bateaux, mouillés dans
« port, chargent et déchargent les marchandises;
« des nuées d'ouvriers vont et viennent affairés; des
« petits bateaux à vapeurs circulent en tous sens,
« transportant les passagers d'une rive à l'autre de
« la rivière ; on sent le pays riche et prospère, c'est
« la Guyane anglaise.

« De là, le paquebot vous mène à Surinam (Para-
« maribo). Le mouvement commercial est un peu
« moindre, mais à l'apparence des habitations, à
« l'aspect de la population qui circule dans les
« rues, on sent la vie, la richesse et le bien-être.
« C'est la Guyane hollandaise.

« Enfin, on arrive à Cayenne. Tout d'abord, la si-
« tuation charmante de la ville vous séduit. Mais en
« approchant, on voit les rues sales et désertes; les
« magnifiques bâtiments, édifiés autrefois, tombent
« en ruines; un sentiment épouvantable de tristesse
« s'empare de vous. C'est la Guyane française. »

Pourquoi la France ne peut-elle pas faire dans le même pays ce que font les puissances ses voisines ?

Passons à la Tunisie:

En 1885, les exportations de la France en Tunisie atteignent le chiffre rond de 14 millions.

La majeure partie de ces exportations est destinée comme d'habitude, aux troupes et au personnel administratif.

D'autre part, on peut estimer à 16 millions les frais d'occupation pendant cette année.

De plus, le gouvernement français a garanti la dette du pays.

Conclusion : ce n'est pas brillant.

Transportons-nous au Congo.

« Au lieu de laisser M. de Brazza à la tête de son « entreprise du Congo, que seul il connait, que seul « il a parfaitement menée depuis sept ans, que seul il « peut conduire jusqu'au bout, on s'est empressé de « tout bouleverser. — En vertu de ce raisonnement « saugrenu, qui fait de tout pays exotique une « dépendance de notre marine de guerre, on a prié « M. de Brazza de remettre à la Marine la direction « des opérations *commerciales* et autres au Congo. « — Le commandant du Gabon, qui n'a jamais mis « les pieds au Congo, et dont le poste central est à « Libreville, à *trois mois* de marche des territoires « cédés à la France par Makako, a été investi par le « ministère de la marine des pouvoirs d'usage pour « administrer — c'est-à-dire pour ruiner — la nou- « velle colonie.

« Il fallait là un apôtre, un missionnaire laïque, un « habile, un enthousiaste de ces pays profonds, im- « pénétrables encore aux choses de l'Europe (et on « l'avait sous la main), crac, on y met un comman- « dant militaire, qui n'aura rien de plus pressé que « de s'en aller ailleurs, aux Antilles ou à Rochefort, « quand le tableau de son avancement marquera « l'heure de son départ. — Ce serait folâtre, si ce « n'était idiot. Voilà la France !

« S'il veut introduire dans l'Etat du Congo les « errements administratifs qui ont compromis jus- « qu'à ce jour toutes nos colonies, l'affaire est per- « due. — C'est le casse-tête chinois éternel de l'*ad-* « *ministrativité* française. Le Congo est maintenant

« considéré comme une colonie. Vite, qu'il passe « sous la coupe de la Marine !

« M. de Brazza sera sans doute invité, par une su-« prême fumisterie, à aller commander quelque ca-« nonière sur le banc de Terre-Neuve, puisqu'il est « lieutenant de vaisseau avant d'être explorateur.

« C'est ainsi que, dans ce pays, on adapte les « hommes aux choses qui leur conviennent [1].

Ne parlons pas de Madagascar, s'il vous plait.

« Mais en Extrême-Orient, la Suisse elle-même « nous bat pour dix articles ! » écrit M. Bonnetain. « Là-bas, la lassitude existe chez les Français comme « partout, et nul n'a plus le cœur d'espérer, pour « avoir trop appris en voyageant, combien la France « est tombée bas dans l'estime des nations. »

Avez-vous entendu ce député qualifier de patriotisme cette incapacité française d'aller à l'étranger ouvrir aux produits de la mère-patrie de nouveaux débouchés ?

Mais c'est un comble ! Quand la France, à force de patriotisme, se verra écraser par la concurrence étrangère et se couvrira de maisons allemandes et anglaises, peut-être pensera-t-on différemment.

Lorsque des émigrants anglais, sans aide, sans encouragement de l'Etat, ont fondé une colonie, que cette colonie prospère, le gouvernement anglais consent à lui donner le baptême. A partir de ce moment, et pas avant, le pays est Anglais et l'Angleterre y veille d'un œil jaloux. Ce sont les citoyens qui donnent des colonies à l'Angleterre, et non, comme en

[1] Pierre Giffard.

France, le gouvernement aux citoyens, qui s'en soucient comme un poisson d'une pomme.

C'est à la Compagnie des Indes, aux émigrants religieux de la Nouvelle-Angleterre, à de simples particuliers, que l'Angleterre doit ses plus belles colonies. C'est à une simple société par actions qu'elle devra bientôt l'île magnifique de Bornéo. C'est grâce à l'initiative des Australiens qu'elle ajoutera la Nouvelle-Guinée à son domaine colonial.

On dit : les Anglais ont des colonies avec des colons; les Allemands ont des colons sans colonies ; les Français ont des colonies sans colons.

Nous avons lu une quarantaine d'articles commençant par ces mots : « Le Français est-il colonisasateur ? » Les uns disent oui, les autres non. Tout cela nous rappelle le paysan auquel on demandait s'il savait lire :

« Je ne sais pas, je n'ai jamais essayé. »

Pour savoir si le Français est colonisateur, il faudrait qu'il voulût bien essayer.

Sur 100,000 habitants en Angleterre, il en émigre annuellement 516 ; En Allemagne, 228 ; en France, 10 ! Voilà évidemment ce qui fait la force de la France, la faiblesse de l'Angleterre et de l'Allemagne !

Tout ce qui précède explique l'état vraiment misérable du commerce maritime de la France.

Pour le tonnage, sa marine marchande ne prend que le cinquième rang, après nous, bien entendu, et la Norvège, avec 1,168,700 tonnes, soit dix fois moins que l'Angleterre.

Les ports français font triste figure. Marseille

n'atteint que le cinquième rang, avec une importation cinq fois moins considérable que Liverpool. Le Havre, deuxième port français, n'arrive qu'au dix-huitième!

Puisque nous parlons de l'élément liquide, deux mots sur la navigation intérieure. M. Ad. Blaise écrit dans le *Journal des Economistes* (février 1883).

« La deuxième carte, consacrée au tonnage des « rivières et canaux, est triste d'aspect, et sa pâleur « témoigne de l'état anémique de notre navigation « intérieure, nonobstant la quasi-gratuité des péages, « qui ne couvrent pas même les frais d'entretien. Il « est vrai que ce service est pour la plus grande « partie entre les mains des ingénieurs et des agents « de l'Etat, qui ne sont rien moins qu'industriels et « commerçants et ont même la faiblesse de s'en faire « gloire. Aussi, quels résultats obtiennent-ils? Un « mouvement moyen de 183,171 tonnes sur les « 10,940 kilomètres du réseau entier des voies « navigables de la France. C'est à peine 15 % de « la circulation totale, avec tendance à la diminution. »

Or, de 1879 à 1882, en quatre ans, l'Etat a consacré la bagatelle de fr. 277,474,756 aux canaux et aux rivières. Où les deniers des contribuables vont-ils se fourrer? Une société particulière qui commettrait de pareilles bévues financières serait punie par la ruine et la faillite; mais non l'Etat, car le gaspillage de fr. 280,000,000 ne cause pas la ruine de la France, il ne fait qu'y contribuer.

IX

Instabilité du gouvernement. — Ministères à responsabilité illimitée. — Le choléra et M. Jules Ferry. — Turbulence de la Chambre. — Les scènes parlementaires et la presse anglaise. — Comment on *tombe* un cabinet. — Enfantement d'un nouveau ministère. — Replâtrages. — Changements de cabinets depuis 1870, statistique amusante. — Le cabinet actuel. — La Chambre dans un moment de danger. — Comment on y traite les hommes distingués. — Grand *chahut* à Versailles. — Description d'une séance du congrès. — Petite poésie parlementaire. — Une séance de la Chambre. — Le corps électoral. — De la tenue du Conseil municipal. — Une nation vendue.

L'instabilité du gouvernement est une conséquence naturelle de cette hypertrophie de l'Etat.

La nation, voyant l'Etat faire de tout, se mêler de tout, a pris l'habitude de le rendre responsable de tout et de lui demander des remèdes pour tout. Le manque d'éducation pratique fait sans doute que les Français prétendent tout résoudre par des formules mathématiques, des lois et des décrets.

Le gouvernement offre à la critique une surface illimitée, puisqu'il prend tout sous son bonnet. Loin de chercher à diminuer sa responsabilité, chaque jour il l'augmente en augmentant ses attributions;

aussi, faire intervenir l'Etat en tout et pour tout est passé dans les mœurs de la nation.

Le *Daily News* caractérise cet état de choses en disant que si le brouillard de Londres venait à s'abattre sur Paris pendant quelques jours le gouvernement se verrait interpellé.

Vous riez ! Mais alors vous n'avez pas entendu les journaux de l'opposition accuser Jules Ferry de l'importation du choléra. On ne désigna le vice-président du Conseil que sous le nom excessivement spirituel de *Ferry-choléra* ou *Ferry-morbus* [1].

Vous connaissez de réputation le régime parlementaire, qui nous fait crever de jalousie. Tout député qui cherche à se distinguer, tout adversaire du gouvernement, tout ambitieux qui rêve du portefeuille, ne manquera pas une occasion d'*interpeller* le gouvernement ; les occasions abondent puisque l'Etat, c'est le tout de la France. Et voilà comment, après avoir consacré à d'ineptes discussions les sept huitièmes des séances, le Parlement trouve à peine quelques heures pour bâcler le budget, quand approche le 31 décembre ; ce budget, qui est la première raison d'être de tout Parlement. Une Cham-

[1] Et quelle fut la cause de cette épidémie, sinon l'état d'abjecte malpropreté dans lequel se complaisent les populations du midi de la France. Marseille, Toulon, Arles, etc., sont autant de foyers d'infection pour l'Europe. Par un brouillard intense, un capitaine fait jeter la sonde : « Quel fond ? » — « Un fond de sable. » — « C'est bien, continuons. » Plus loin : « Quel fond ? » — « Un fond de... mélasse, capitaine ! » — « Attention ! jetez l'ancre, nous sommes à Marseille ! »

bre composée d'hommes sérieux, ne s'occupant que des affaires du pays, serait vite accusée par nombre d'électeurs et de journalistes de ne pas gagner ses appointements.

Quand un député traite un ministre de voleur, de menteur, de voyou, et qu'une scène s'ensuit, les amis du premier se réjouissent, les journaux de son parti se réjouissent. Lorsqu'en France on apprend un nouveau désastre, les adversaires du cabinet, leurs journaux, se réjouissent; mais jamais autant que les Anglais et les Allemands.

Si les députés comprenaient l'anglais, si après une de ces grandes batailles des halles au Palais-Bourbon, ils lisaient le *Daily Telegraph*, le *Standard*, le *Globe*, le *Morning Post*, et autres grands organes de la presse, ils y verraient éclater à chaque ligne les témoignages d'une immense satisfaction. Qu'y a-t-il en effet de plus doux pour les ennemis de la France, que de voir ses représentants se dégrader, s'humilier à plaisir, jouer aux petits garçons devant l'Europe qui s'amuse.

Dernièrement, à propos de la crise anglo-russe, des propos assez vifs furent échangés au Parlement anglais entre le ministère et l'opposition. Il n'y eut qu'un cri dans la presse anglaise: « Notre Parlement tendrait-il à descendre au niveau des Chambres françaises [1]? »

En France, le sentiment de la dignité nationale cède le pas aux haines de partis ou plutôt aux haines de groupes, de groupuscules (les partis les plus op-

[1] Le *Daily Telegraph*, entre autres.

posés s'unissent journellement pour faire pièce à tel ou tel groupe du centre). C'est le cœur léger que tous ces messieurs font rire l'Europe aux dépens de leur pays.

Ce triste Parlement interpelle beaucoup. La critique est facile, mais l'art est difficile, et on le voit par l'histoire de la troisième République. Renverser un cabinet est pour une Chambre qui s'est mal levée l'affaire d'un moment. Il existe des interpellateurs de profession. Le banc du ministère, c'est le banc des accusés. A force de mettre un ministre en demeure de s'expliquer sur telle ou telle question de linge sale, on finit bien par le *tomber*. Il va sans dire que ses collègues tombent avec lui. C'est l'usage. A M. Grévy alors de former un nouveau cabinet. Les hommes intelligents de la majorité sont tous usés jusqu'à la corde ; tous ont été essayés, tous sont entrés dans les *combinaisons* les plus diverses, avec les emplois les plus divers ; le reste est extrêmement vulgaire et faible, incapable de parler correctement. Or, il faut satisfaire le plus grand nombre de groupes possible et trouver des ministres qu'on puisse réunir sans qu'ils se mordent. On prend donc un ministre dans un groupe, un autre dans un second, etc., pour former une *combinaison*. Après nombre d'essais infructueux, l'ambition ayant mis quelques hommes d'accord, l'*Officiel* publie la liste des *législateurs* qui figurent dans la dite *combinaison*, et les ministres s'en vont lire au Sénat et à la Chambre une mirifique *déclaration* qui promet à tous mille prospérités.

L'opposition l'écoute, glaciale, le parti ministériel applaudit à tout rompre ; les journaux de l'opposition affirment que la déclaration a été accueillie avec froideur, les journaux ministériels assurent le contraire, et pendant quelques semaines la petite politique française continue son petit bonhomme de chemin. Mais déjà le public commence à s'impatienter ; il n'en a pas pour son argent. Eh quoi ! Rien d'émouvant à lire, pas de scène à la Chambre, pas de scandale ! Ce ministère va-t-il durer éternellement ? Se moque-t-il du monde ?

En France, un ministre est accusé de se *cramponner au pouvoir*, d'être *collé à son portefeuille*, est, en un mot, accusé d'indélicatesse quand il reste en fonctions six semaines sans parler de donner sa démission. Le fait est qu'il faut manquer de dignité pour résister aussi longtemps au déluge des insultes et des provocations.

Au bout de quelques jours, on s'entretient déjà de *dissensions au sein du cabinet*, de la nécessité de *replâtrages*, d'une *interpellation* qui va tout renverser ; on replâtre, on renverse, et tout est à recommencer.

« Nous avons dit comment tombait un ministère,
« non pas devant les politiciens à qui, si on pardonne,
« on pardonne parce qu'ils ne voient guère ce qu'ils
« font, mais devant les observateurs impartiaux pour
« qui les portefeuilles sont des enveloppes à mettre
« des notes, et non une timbale à décrocher au haut
« d'un mât glissant. On peut étudier de même et voir
« comment se forme un cabinet. Ce n'est guère plus
« beau ! Le sens moral est tellement affaibli ou cor-
« rompu en certains milieux, que constituer un mi-
« nistère devient une opération d'où une seule idée

« paraît exclue : celle de savoir qui peut le mieux ser-
« vir son pays ! Il doit bien y avoir quelque part,
« dans notre terre de soldats, un général qui connaît
« son affaire, qui sait comment on fait marcher les
« troupes et comment on impose aux chefs mêmes
« une direction supprimant, autant que possible, le
« rôle du hasard dans les choses de la guerre ! Mais
« ce général est-il un homme politique ? N'aurait-il
« pas dansé ici, ou déjeûné là ? ou même, étant bon
« républicain, penche-t-il pour le grand N ou incline-
« t-il vers le petit N ? Voilà ce qu'il faut savoir
« d'abord. Et pour la marine, songe-t-on d'abord à
« trouver un vieux *chaloupier*, ayant promené le dra-
« peau dans les mers lointaines et sachant faire d'une
« flotte un instrument de précision assez bien outillé
« pour obtenir des résultats prévus à l'avance ? Pour
« tout le monde, enfin, cherche-t-on des spécia-
« listes, des hommes vieillis sous le harnais ? Hélas,
« non ! On s'épuise en combinaisons que la politique
« dirige seule. Il y a quelque chose de vraiment co-
« mique dans le défilé des gens *ministrables* que nous
« avons vus passer devant nous ! Tel homme, selon
« qu'il faut faire pencher un peu la balance à droite
« ou à gauche, devient, du soir au matin, capable de
« régenter les préfets ou les receveurs généraux, ou
« les ingénieurs, s'en va du Commerce à l'Agricul-
« ture, des Cultes aux Colonies, bon à tout, ce qui
« est une grave présomption qu'il n'est bon à rien.
« Pauvre France, si pauvre en hommes, paraît-il,
« qu'elle en est réduite aux expédients d'Harpagon,
« faisant de maître Jacques son maître d'hôtel ou
« son cocher, en l'envoyant changer de souquenille

« et en lui recommandant, hélas ! de mettre son cha-
« peau devant lui, de façon qu'on ne voie pas trop
« la boue ou la tache de son habit ! »

(Gil Blas.)

Cet article, écrit depuis plusieurs mois, s'applique admirablement au ministère actuel.

La formation de ce cabinet, le 22me ou le 23me depuis 1870, personne ne peut le dire au juste, nous rappelle le temps où l'on nous donnait à fabriquer le vers latin dit « hexamètre ».

Il n'y en a pas qui ait le caractère plus mal fait. D'abord il lui faut six pieds, pas un de plus, pas un de moins, au cinquième pied un dactyle et au sixième un spondée; ensuite il veut au moins une césure bien placée et n'est de bonne composition que si vous le remplissez de dactyles ou d'anapestes.

Quand un élève tient un dactyle pour le cinquième pied et un spondée pour le sixième, on doit l'estimer bien heureux et ne pas trop lui en vouloir s'il modifie la construction logique de la phrase, fait passer un mot du premier au quatrième pied, du deuxième au troisième, etc., ou s'il emploie une cheville à boucher un trou.

La formation d'un ministère est peut-être encore plus difficile.

Le vers est alors de douze pieds qui tous exigent des occupants, des aptitudes différentes. Comment voulez-vous qu'on en vienne à bout ?

Avant tout il faut un dactyle pour le onzième pied, c'est le ministre de la Guerre, et un spondée pour la fin, c'est le ministre de la Marine.

Comment reprocher au chef du cabinet de faire passer aux Postes et Télégraphes l'homme qui a la bosse de l'agriculture, de caser aux Affaires étrangères celui qui a la bosse des cultes, ou enfin de remplir un poste vide par un bouche-trou !

La critique est facile, mais l'art est difficile, ainsi que le démontre la formation du dernier cabinet. Le voici :

M. de Freycinet, ministre pour la sixième fois, président du Conseil pour la troisième ; dirigeait, en 1871, les armées françaises ; depuis, les Travaux publics, aujourd'hui les Affaires étrangères.

M. Demole, ancien ministre des Travaux publics, maintenant à la Justice.

M. Brisson, ne sachant où le caser, eut enfin l'idée de lui confier les Travaux publics. « J'accepte, dit « M. Demole, quoique je n'entende rien aux ponts « et chaussées ! »

M. Sarrien, ministre des Postes et Télégraphes chez M. Brisson, actuellement à l'Intérieur. Il avait dû prendre, dans le présent ministère, successivement le portefeuille de la Justice, celui des Finances et celui des Travaux publics.

M. Sadi-Carnot, ancien ministre des Travaux publics, maintenant aux Finances.

Général Boulanger, le dactyle nécessaire.

Amiral Aube, le spondée indispensable.

M. Goblet, ancien ministre de l'Intérieur, maintenant à l'Instruction publique et aux Cultes.

M. Baïhaut, Travaux publics, rien à dire.

M. Lockroy, ancien élève des Beaux-Arts, ancien journaliste, ministre du Commerce (!)

M. Develle, ancien sous-secrétaire d'Etat à l'Intérieur, ministre de l'Agriculture.

M. Granet, ancien directeur du cabinet au ministère de l'Intérieur, ministre des Postes et Télégraphes.

Enfin citons M. Paul Bert, résident général à Hué, celui-là sans commentaires.

M. Dréolle compare ce ministère à une enfilade de perles. « C'est l'art d'accommoder les restes, » dit un second. « Ce sont les doublures, à quand les souffleurs ? » clame un troisième. Et nous dirons : « A quand le vingt-troisième ou vingt-quatrième ministère ? »

Malheureux élèves de l'avenir, qui devront apprendre l'histoire de la troisième République française !

On s'inquiète beaucoup moins de choisir des hommes compétents que de satisfaire les rancunes politiques des groupes multiples de la Chambre : ce qui est parfaitement impossible :

« La République serait-elle donc l'équivalent d'une « échoppe de savetier, et suffirait-il, pour qu'un personnage éculé fasse encore quelque usage, qu'on lui « remette une pièce, qu'on le ressemelle, qu'on lui « refasse les talons ?

« Le ministre le plus conspué, le plus hué, le plus « impopulaire, redevient frais, disponible, possible, « au bout de plusieurs mois, dans notre pays léger, « où tout passe, où tout s'oublie.

« Quand il tombe, c'est dans la boue, et on ne le « ramasserait pas avec des pincettes.

« Puis, il sèche, on le brosse et on le remet en « place.

« C'est ainsi pour Goblet, pour Sadi-Carnot, pour « Freycinet, pour tous.

« Et préparez-vous dans quelque temps, à voir « Brisson revenir et Ferry s'imposer.

« Ce personnel ministériel ne vaut donc pas grand « chose ; à de rares, bien rares exceptions près, ce « sont des rosses, couronnées maintes fois, morveu- « ses, fourbues, que tu veux, Marianne, atteler au fa- « meux char de l'Etat, tout incapables qu'elles soient « de fournir un relais, même fouettées par la droite, « et se traînant sur le ventre, et bonnes tout au plus « pour l'équarrissage et pour les sangsues de Mont- « faucon ? »

(Paul de Cassagnac)

Depuis 1870, plus de cent quinze hommes politiques ont pris le portefeuille, et la plupart à des reprises différentes, dans les *combinaisons* les plus variées.

« Comment voulez-vous qu'un ministre restant six « mois aux affaires fasse quelque chose de bien ? Il « n'a pas seulement le temps d'apprendre à connaître « ses bureaux !

« Or, savez-vous combien nous avons fait de mi- « nistères, de cabinets, depuis 1870 ?

« Nous sommes au *vingtième !*

« Vingt gouvernements, vingt changements de di- « rection, de personnel, de politique, d'administra- « tion générale, en quatorze ans !

« Nous avons eu :

« A la Guerre. . . . 15 changements
« A la Marine. . . . 15 »

« Aux Finances . . . 16 changements
« Aux Affaires étrangères 14 »
« A l'Intérieur[1] . . . 27 »

« Pendant ce temps-là, en Angleterre, il y a eu « seulement quatre ministères, et le quatrième dure « depuis 1880.

« En Allemagne, un *seul*. Depuis 1871, le ministre « des affaires étrangères n'a pas changé. Il y a eu « *deux* ministres de la guerre et de la marine — « parce que le premier est mort !

« Depuis 1871, la France a eu :

« 7 ambassadeurs en Italie ; l'Italie 4 chez nous, « depuis 1861 ; 7 ambassadeurs en Autriche ; l'Au- « triche 4 chez nous ; 6 en Russie ; la Russie 2 chez « nous, et elle n'a changé que pour cause de la ma- « ladie du prince Orloff, qui vient de mourir.

« En Allemagne, nous avons eu 3 ambassadeurs « depuis 1871 ; l'Allemagne 1 chez nous.

« En Angleterre, nous avons eu, depuis 1871, 14 « ambassadeurs ! Les Anglais, 1 chez nous, depuis « 1867.

« Et vous voulez que nos affaires, notre organisa- « tion militaire, notre marine, nos colonies, nos fi- « nances, nos intérêts nationaux à l'étranger, — la « politique républicaine même et les réformes à l'in- « térieur, — marchent bien avec un pareil sys- « tème ?...

[1] Et les élections qui viennent d'avoir lieu vont renverser le ministère actuel. C'est le règne absolu du gâchis[*].

[*] En effet, le ministère de M. de Freycinet vient de remplacer le ministère Brisson. Par suite, à tous ces chiffres il faut ajouter une unité *(Note de la deuxieme edition)*.

« La Chambre actuelle n'a pas encore quatre an-
« nées d'existence ; elle en est à son *septième cabinet*, « à son cinquième ministre des Finances, à son sep-
« tième ministre de la Guerre, à son septième minis-
« tre de la Marine et des Colonies, à son huitième « ministre des Affaires étrangères !

« ... Le gouvernement républicain ne consiste pas « à déménager tous les trimestres comme un étudiant « noceur qui loge en garni. »

(Lyon Républicain.)

Aussi, qu'est-ce que le gouvernement de la France? Qui représente le principe de l'autorité ? Est-ce M. Grévy ? Evidemment non. Un zéro n'indique que l'absence de quelque chose. Est-ce l'obscur X Y Z, ministre de ceci ou de cela ? Est-ce le Sénat, qui sert de jouet à la Chambre, qui par elle se voit journellement insulté et menacé d'une fin prochaine ? Est-ce telle ou telle fraction de tel groupe de cette Chambre ? Au moment du danger, qui prendra le gouvernail ? La Chambre va-t-elle, comme d'habitude, perdre la tête ? Ses 400 mains débiles vont-elles se disputer les rênes ?

Ce Parlement médiocre prend en haine tout ce qui se distingue de sa médiocrité. Thiers, Gambetta et tant d'autres avant eux, ont connu cette opposition systématique de la *médiocratie* française. Elle les a tués.

Despotisme pour despotisme, mieux vaut celui d'un homme de talent que celui d'une majorité ignorante et fanatique. C'est toujours avec jalousie, presque avec colère, que les apprentis politiciens de la

Chambre, les sous-vétérinaires de village ont vu s'approcher du malade un homme du métier. On faisait observer que Paris avait préféré Barodet à Rémusat, et dernièrement, aux élections sénatoriales, l'obscur Martin à M. Spuller; aux élections générales: les obscurs Camélinat, Bailly, Millerand, Labordère, Brialou, à Déroulède, Ranc, Greppo, Devès! Cette belle passion pour la médiocrité ou *médiocratie*, qui s'est emparée de la démocratie française, rappelle les derniers temps de l'empire romain, alors que le peuple se plaisait à donner le pouvoir aux hommes les plus remarquables par leur obscurité.

Quelle idée vulgaire éveille en nous le titre de député ou de ministre français, aussi vulgaire que celui de chevalier de la Légion d'honneur! Lisons ensemble le compte rendu d'une séance de ce Parlement que s'est librement donné la grande nation. Choisissons le moment où Sénat et Chambre sont réunis en congrès à Versailles; nous ferons d'une pierre deux coups. L'extrait suivant de la première séance [1] est de M. A. Millaud, le journaliste bien connu.

« Je ne sais dans quelle boue infecte il faudrait
« tremper sa plume pour donner au public une idée
« de cette première séance du congrès. Figurez-vous
« la Courtille en rut, Charenton en délire, les tapis
« francs d'Eugène Süe, la halle aux poissons. Com-
« binez entre eux tous les cris de l'homme et de la
« bête, tous les gestes d'athlètes de foire et de po-
« chards indisposés, et vous n'arriverez pas à recons-
« tituer le spectacle écœurant duquel nous sortons.

[1] 4 août 1884.

« Fort heureusement, il y avait peu de monde dans
« la grande salle et à peine quelques menus secré-
« taires dans la tribune diplomatique. Ce qui est le
« plus singulier dans cette aventure, c'est qu'on a
« *gueulé* (pardonnez-moi le mot) non pas sur quel-
« que chose ou pour quelque chose, mais pour le
« simple plaisir de gueuler.

« A une heure, M. Le Royer, président d'après la
« Constitution, est monté au fauteuil. Ce pauvre vieux,
« fossile dès sa naissance, ne se doutait pas du cha-
« grin qu'on allait lui faire et il est allé à la bataille
« sans se méfier. S'il ne meurt pas du coup, c'est
« que la Providence aura daigné le prendre en pitié.
« Après son entrée, les bancs se sont garnis lente-
« ment. Sénateurs et députés se sont agréablement
« confondus. Cependant, les membres de la minorité
« se sont rangés à part aux deux extrémités de la
« grande salle, laissant au milieu les fouinards de la
« majorité, réunis en masse compacte derrière le
« Choppart du ministère, Ferry, dit l'aimable...

« Jusque-là, ça va bien. A une heure et demie,
« M. Le Royer s'est levé et il a proclamé la séance
« ouverte. « Dites que c'est la comédie qui com-
« mence, » s'écrie M. Baudry-d'Asson déjà flam-
« boyant...

« Alors a commencé le bruit et le tapage. Pour-
« quoi ? Nul n'en saura jamais rien. Aux premiers
« mots du président, des *non ! non !* partent de l'ex-
« trême gauche et de l'extrême droite. M. Andrieux
« demande qu'avant de voter, on distribue le règle-
« ment imprimé. « Soit, dit M. Le Royer, je vais
« mettre la proposition aux voix. » « Je réclame un

« scrutin, » demande le jeune Laguerre. « Il n'y a pas
« lieu à scrutin, puisqu'il n'y a pas de règlement, »
« riposte M. Labiche. Tout cela au milieu d'interrup-
« tions, de bruits de pupitres, de rumeurs niaises.
« M. Gavardie paraît : « Il n'est pas quatre heures ! »
« s'écrie une voix à gauche. « Vous devancez votre
« explosion ! » M. Gavardie réclame le règlement du
« Sénat. On le conspue. Arrive M. Girault, on ne le
« laisse pas parler : « Aux voix ! » dit la majorité.
« Un scrutin, » dit la minorité. M. Vernhes, apoplec-
« tique, essoufflé, esquinté, s'écrie : « Ce n'est pas
« un congrès, c'est une réunion publique ! » En effet,
« le désordre est à son comble, et, je vous le répète,
« sans cause, sans motif, pour retarder la discussion
« ou pour s'amuser : un restaurant de nuit à trois
« heures du matin, alors qu'on s'interpelle de table
« à table et qu'on se jette les bouteilles à la tête.

« Et M. Le Royer s'agite. Il veut parler, il ne peut
« se faire entendre. La sonnette elle-même n'est plus
« écoutée. Les orateurs envahissent la tribune,
« M. Baudry-d'Asson d'un côté, M. Girault de l'autre,
« puis M. Gatineau, puis M. Laguerre. Le président,
« qui, dans un moment de répit, a fait proclamer la
« clôture, veut les empêcher de parler. C'est presque
« un pugilat à la tribune, entre les bras désespérés
« de l'orateur récalcitrant et le couteau à papier du
« président. Pour tenir cette ménagerie Bidel, il eût
« fallu un dompteur : on a eu un bonhomme en pain
« d'épices. Le pauvre M. Le Royer n'a pas cessé
« d'être vaincu. Il a fini par retomber sur son fau-
« teuil, épuisé, suant, haletant, crevé. En présence
« de ce résultat, l'orateur parle, tente un effort. S'il

« est de la droite, la majorité pousse des hurlements « et casse les dossiers de ses pupitres. S'il appartient « à la majorité, la droite et l'extrême gauche se réu- « nissent dans un charivari effroyable.

« Au bout d'une heure et demie, quand les com- « battants sont éreintés, M. Le Royer retrouve une « lueur, un atome de force. Il pose la question de « savoir si, oui ou non, on votera le règlement au « scrutin ou autrement. A peine entend-on ce qu'il « dit. Le scrutin est repoussé. De nouvelles clameurs « s'élèvent. M. de Douville-Maillefeu menace le bu- « reau du poing et pousse des rugissements. M. Clé- « menceau, la voix étranglée, crie à la majorité : « Ils « ont honte de leur vote ! »

« ... Alors, c'est le comble du chaos, c'est le su- « prême de la confusion, c'est du sublimé de honte « et de folie furieuse. Cent voix empêchent M. Ferry « de se faire entendre. On l'insulte, on le hue, on le « menace du poing et du geste. M. Andrieux monte « à la tribune et demande la parole. M. Le Royer la « lui refuse. Il réclame le silence, il implore, il sup- « plie, il se fâche, il s'enroue. M. Andrieux insiste : « J'ai le droit de prendre la parole. » M. Ferry ri- « poste : « Je l'ai et je ne vous la cède pas. » Les « deux champions se regardent dans le nez, dans les « yeux. C'est un effroyable tumulte. Toute la Cham- « bre, sept cent cinquante énergumènes sont debout, « haletants, furieux, exaspérés, hurlant, gueulant, « vociférant, frappant du pied, se bousculant, s'inju- « riant. Soudain, comme une trombe, les voilà qui « descendent dans l'hémicycle, menaçant, interpel- « lant, qui M. Andrieux, qui M. Ferry, toujours ins-

« tallés à la tribune. C'est épouvantable : un assom-
« moir de barrière, une taverne de matelots pris de
« gin, un océan de têtes affolées, une levée de poings
« hérissés, des mains calottant l'air, et quels cris !
« des hurlements de sauvages, des adjectifs pois-
« sards, à faire reculer tous les héros de Zola.

« M. Langlois lui-même se met de la partie et
« vient, à la tribune, se placer sous le nez de M. An-
« drieux.

« M. Le Royer, hagard, défait, à demi-mort, sonne
« en vain. Enfin, il a une idée, il prend son chapeau,
« se couvre, la séance est suspendue. Il est quatre
« heures et quart.

« Cet acte, qui met le sceau à cette ignoble séance,
« calme les cerveaux échauffés.

« Comment dépeindre cette fin de journée, au mi-
« lieu de la poussière et de la puanteur générales.
« On se bouchait les oreilles dans les tribunes et on
« fermait les yeux. C'était aussi incompréhensible
« qu'écœurant. »

La Chambre toute seule ne fait guère moins de tapage. En voulez-vous un exemple tiré du *Compte rendu officiel* :

« M. Lacôte a la parole sur le procès-verbal.

« Il déclare qu'il a voté, jeudi, contre les crédits,
« mais il a constaté qu'un bulletin blanc avait détruit
« son bulletin bleu, ce qui a permis de le porter
« comme s'étant abstenu. On a pris, pour cela le
« bulletin d'un collègue, dont on a gratté le nom, et
« à la place duquel on a mis le nom de l'auteur, avec
« le n° 112. *(Exclamations à droite)*. Je ne suis pas

« le seul, ajoute M. Lacote, qui ait à se plaindre d'un « pareil faux, et de tels actes sont dignes du plus pro- « fond mépris. *(Applaudissements à droite et à l'ex- « trême gauche.)*

« M. LAGUERRE vient faire une autre rectification : « Au nom d'un de ses collègues, et dans l'intérêt, « dit-il, de l'honneur de la Chambre. *(Applaudisse- « ments à droite.)* Mon ami, M. Franconie, dit-il, est « encore en mer, revenant du Sénégal.

« *Voix à gauche :* Il était hier à Versailles.

« M. LAGUERRE. — C'est matériellement inexact. « On l'a fait voter pour les crédits, alors que tous « ses votes antérieurs démentent un tel vote.

« M. LE PRÉSIDENT. — Quel mandat avez-vous de « réclamer en son nom ?

« M. LAGUERRE. — Un tel acte constitue une es- « croquerie et un faux. *(Applaudissements à droite.)*

« M. LE PRÉSIDENT. — Je ne puis vous permettre « d'employer de pareilles expressions. *(Réclama- « tions.)*

« M. LAGUERRE. — C'est un de nos collègues, dont « je me félicite d'ignorer le nom, qui a commis ces « actes criminels. Les bulletins de M. Franconie « étaient sous la garde de M. Duportal ; on a eu l'au- « dace d'employer un papier blanc et d'y inscrire le « nom de M. Franconie. Or, le 7 avril, 89 membres, « dont 17 de la gauche, avaient voté contre les cré- « dits ; M. Franconie était de ces 17. C'est là, je le « répète, un fait qui tombe sous le coup de l'article « 105 du Code pénal.

« M. LE PRÉSIDENT. — Vous avez d'autres moyens « à employer que celui de saisir la Chambre d'un fait « qui ne peut donner lieu à aucun vote.

« M. LAGUERRE. — Mes paroles seront à l'*Officiel*
« et je livre un vote ainsi émis à l'appréciation de la
« Chambre et du pays. *(Applaudissements à droite et*
« *à l'extrême gauche.)*

« M. LE COMTE DE L'AIGLE, porté comme s'étant
« abstenu, déclare qu'il a voté contre, mais qu'on a
« trouvé un bulletin blanc à son nom, écrit d'une
« écriture inconnue. L'orateur ne connait pas assez
« les habitudes parlementaires... *(Rires à droite)*
« pour savoir la suite que comportent de tels actes,
« mais ils ont pour effet de transformer la Chambre
« en une caverne de brigands. *(Exclamations.)*

« M. LE PRÉSIDENT. — Vous ne pouvez vous ex-
« primer ainsi sur la Chambre ; je vous rappelle à
« l'ordre. »

Après les séances orageuses, les législateurs les plus ardents échangent leurs cartes.

La petite poésie suivante du *Gaulois* donne une idée bien exacte du langage parlementaire en France.

LES DÉPUTÉS

Ah ! c'est donc vous les sénateurs,
Tas d'espèces de malfaiteurs !
Crétins ! panés ! brigands ! gâteux !
Abrutis ! pignoufs ! comateux !
Voleurs ! criminels ! assassins !
Paquets d'ordures ! objets malsains !
Forçats ! sauvages ! démolis !
Gardiens de la paix ! ramollis !
V'là-t-il pas des jolis oiseaux,
Avec leurs pifs et leurs museaux !
Pigez-nous ces cran's déplumés !
Au Pér'-Lachais', tas d'exhumés !

Vous savez, vieill's canailles,
Machines à dégoût!
Faut débloquer Versailles,
Faut r'tourner à l'égout!

LES SÉNATEURS

Eh! c'est donc vous, les députés!
Tas de farceurs! tas d'éhontés!
Mufles! outils! traîtres! vendus!
Polissons! grinchus! résidus!
Mouchards! alphonses! animaux!
Crapauds! vaches! cochons! chameaux!
Les microbes, soit dit entre nous,
Sont encore moins écœurants qu'vous!
Croyez-vous qu'il vous suffira
D'faire concurrence au choléra,
Pour qu'on tremble devant votre tripot?
Oh! c'te Chambre! ousqu'est mon chass'pot?
Gare à toi si tu brailles!
On va t'fiche un atout!
Et nettoyer Versailles,
Grâce au tout-à-l'égout!

(La séance continue.)

M. X. prononce quelques paroles qui se perdent au milieu du bruit. Combien de fois l'avez-vous lue, cette phrase, dans le compte rendu de la Chambre!

Ce joli Parlement est fils aîné du grand corps électoral français.

Si vous admettez qu'à l'œuvre on reconnait l'artisan, les élus vous donneront des électeurs une idée... soignée.

Vous suivez la campagne électorale de cette année, n'est-ce pas ? (ça vaut la peine) vous lisez les comptes rendus des réunions publiques, où les candidats *désirent* exposer leurs idées, les articles inqualifiables de la presse, les programmes électoraux ; vous constatez que partout, à Paris et dans les moindres villes de province, la discussion est remplacée par le *chahut* pur et simple, les objections par des insultes, des sifflets, des hurlements, des cris d'animaux, les programmes par des diffamations ; que partout les candidats se trainent dans la boue, se jettent à la tête les injures les plus ignobles ; que partout la liberté de la tribune est outrageusement violée, le muscle et le larynx triomphent du bon sens, une intolérance féroce se déchaine contre les convictions d'autrui. Eh bien ! le Parlement est le produit de ce charivari sauvage.

Albert Millaud, dans son *Manuel du parfait électeur*, donne à ses concitoyens quelques conseils pratiques :

« L'électeur, dans son intérêt, devra s'être exercé « dans l'art de la savate, de la canne et de la boxe.

« Il devra s'exercer à prononcer très vite et sans « les chercher, les mots suivants :

« Vendus,
« Mouchards,
« Canailles,
« Voleurs,
« Assassins,
« Traitres,
« Muffles ou cochons *(ad libitum)*.

« Il sera créé à Paris et dans les principales villes « de France un hôpital, réservé aux électeurs qui « auront participé aux réunions publiques. »

Etes-vous suffisamment édifiés sur le suffrage universel à la française ?

Ce grand corps électoral fabrique aussi quelques assemblées de moindre importance : les conseils généraux et municipaux.

Ce n'est guère plus beau que le Parlement ; même origine, même tenue.

Quelques mots du club qui préside à l'administration de la *Ville-Lumière*, ce Conseil municipal si redouté, qui se pose en rival de la Chambre, s'adjuge le droit de légiférer et entasse illégalités sur illégalités.

« On sait quel président il s'est donné : un homme « chassé de la marine pour des raisons que personne « n'ignorait plus, et qui, intransigeant violent en « France, écrit à Genève, dans un des journaux les « plus réactionnaires du continent, les articles les « plus perfides contre la république. On sait quel ton « règne au pavillon de Flore, dans quel langage igno-« ble les élus de Paris s'y injurient et s'y menacent. « On sait quelles motions stupides y sont déposées « chaque jour à grand fracas. On sait la profonde « incompétence de cette assemblée, qui se sent inca-« pable d'étudier n'importe quelle question pratique, « et qui, pour se tirer d'embarras, ou bien rejette « toute responsabilité sur l'administration, comme « dans l'affaire du gaz, ou ajourne d'année en année, « comme pour le Métropolitain, ou bien part par la « tangente en se posant en réformatrice, non de Pa-

« ris, mais de la France entière. C'est un vrai car-
« naval. » *(République Française.)*

Le Conseil municipal est bon pour modifier le nom des rues, pour remplacer par le nom d'un stérile agitateur celui d'un homme de génie ; par le voyou, l'homme distingué. Ne lui en demandez pas davantage. Le fait est que la distinction, tant de cœur que d'esprit, est mal vue en ce moment chez nos voisins.

Les Conseils municipaux de province font de leur mieux pour égaler celui de Paris. Nous vous recommandons à ce propos Lyon et Marseille, *sous tous les rapports.*

Mais la cause véritable de cette instabilité, non seulement des ministères mais de tous les pouvoirs, n'est pas tant à rechercher dans la violence et l'incohérence des assemblées législatives, que dans l'immense orgueil de la nation tout entière.

Une armée française ne peut pas être battue, que cela soit bien compris une fois pour toutes. Mais si elle recule? Si elle recule, c'est qu'elle est *trahie, vendue* ou *livrée* par ses chefs ou tout au moins que ses chefs sont de *parfaits imbéciles.* Il faut les juger et les remplacer. Une assemblée française est infaillible. Mais si elle se jette dans un bourbier comme le Tonkin ? C'est qu'elle a été trompée par Jules Ferry ; il faut le chasser et mettre son ministère en accusation. La nation française est, de toutes, la plus puissante, la plus courageuse, la plus intelligente. Mais si elle se précipite tête baissée dans une aventure aussi désastreuse que celle de 1870, aux cris unanimes de : à Berlin ! et se laisse houspiller, démembrer, appauvrir ? C'est qu'elle a été *trahie, vendue, livrée* par Napoléon, ses ministres, ses généraux. Connaissez-vous un pays où il y ait autant de traîtres qu'en France ? Tous les généraux malheureux trahissent ou trompent. L'ouvrier français est trahi, non par ses forces, mais par l'infâme bourgeois, la bourgeoisie est trahie par le gouvernement, les monarchistes sont trahis les uns par les autres, de même que les groupes républicains se trahissent entre eux. Si le peuple français décline, qu'il lâche pied sur tous les points, cela tient-il à la décadence qui le dévore ? Décadence ? De quoi parlez-vous ? Il est toujours le premier peuple du monde, mais le plus *trahi* de tous. Allons ! vite, un nouveau ministère, le vingt-deuxième depuis 1870, un septième général en chef au Tonkin, un huitième plénipotentiaire en Chine !

Nous ne pouvons nous empêcher de voir dans ces continuelles *trahisons* l'œuvre de la Providence ; que serions-nous devenus, nous autres pauvres Germains, si la grande nation n'avait pas été *trahie, vendue, livrée, trompée,* si constamment, si imperturbablement ?

X

L'instabilité du gouvernement et les réformes militaires. — Les ministres de la guerre depuis 1870. — L'immuable de Moltke. — Les abus de l'Intendance. — Exemples de son incapacité en 1870. — Du manque de bons officiers. — Qu'a-t-on fait pour l'armée depuis la guerre? — Introduction de la politique dans l'armée. — Impuissance des ministres de la Guerre. — L'instabilité de la politique française et son influence sur les relations extérieures. — Danger qu'il y aurait à négocier avec un ministre éphémère. — Comment, en France, on devient ministre des Affaires étrangères. — Où l'on apprend la diplomatie. — Les ambassadeurs français aux prises avec les langues vivantes. — Liste complète des ministres depuis 1870 et l'immuable Bismark. — Comment le peuple chasse les voisins dans le camp de l'ennemi. — Italie-Espagne-Russie-Suisse. — Touchante sympathie des Etats-Unis pour la France. — Le passage du roi d'Espagne à Paris; commentaires d'un journal allemand. — Victoires faciles. Cordiale entente entre la France et l'Angleterre. — Habileté de la diplomatie anglaise. — Comment les Anglais se sont joué de la France. — Comment ils s'en moquent. — Attitude qui sied à la grande nation depuis son abaissement.

Dès qu'un ministre quelconque s'expose à la disgrâce de la Chambre, pour avoir révoqué le maire de Fouillie-les-Oies, et donne sa démission, il va sans dire que le ministre de la Guerre, c'est-à-dire le chef suprême de l'armée, doit suivre son exemple; c'est l'usage. Depuis 1870, le ministère de la Guerre a changé de main seize ou dix-sept fois. Voici la succession des titulaires : Lebœuf, de Cissey, du Barrail, de Cissey, Berthaud, Gresley, Farre, Borel, Gresley, Farre, Campenon, Billot, Thibaudin, Campenon, Lewal, Campenon [1].

Nous devons avoir oublié quelque part un Rochebouët quelconque. — En face de cette légion, se dresse l'immuable de Moltke, chef suprême de l'armée allemande. Les commentaires sont superflus.

Chacun de ces ministres apporte avec lui son état-major particulier, son bagage d'idées particulières. L'un d'eux veut des tambours, son successeur les supprime, le suivant les rétablit. Celui-ci a un faible pour les shakos, celui-là ne veut pas en entendre parler. Tous reprennent l'organisation militaire sur un plan nouveau, modifient ou annulent le travail de leurs prédécesseurs et ajoutent un peu de confusion à la confusion régnante.

En France donc, la tête de l'armée, qui en tout et pour tout dépend de la politique, se déplace à chaque instant. Un nouveau ministre de l'Instruction publique suppose un nouveau ministre de la Guerre, souvent obscur et inconnu même de l'armée.

Or, il faudrait des années à un administrateur de premier ordre pour tailler un chemin aux réformes, de ce fouillis d'abus inextricable et de vieille rou-

[1] Ajouter à la liste le général Boulanger, qui vient de remplacer le général Campenon.

tine dont l'ensemble s'appelle l'Intendance française. Elle est toujours debout, cette bonne vieille Intendance qui nous fait encore crever de jalousie. La même qui, en 1870, nous envoyait, à nous, bien vêtus, bien chauffés, admirablement équipés, des soldats en haillons, en souliers de carton, l'estomac vide et les membres gelés. Elle est toujours debout, cette bonne vieille Intendance qui expédiait de la chaussure là où il fallait de la poudre, de la poudre là où il fallait des rations, et rien du tout là où il fallait de tout.

Elle expose au soleil meurtrier du Tonkin de pauvres diables de soldats aussi chaudement vêtus que leurs camarades de Rouen et de Lille. Ils meurent là-bas comme des mouches; oui, mais le règlement triomphe. On a des principes ou on n'en a pas.

C'est l'Intendance qui, pendant la guerre contre les *Kroumirs*, envoyait d'Algérie des chargements de fourrage à Marseille pour en faire vérifier le poids avant de les expédier en Tunisie! Quel raffinement de bêtise!

Tout récemment, le colonel d'un régiment de ligne demande quelques souliers à l'Intendance; après mille réclamations, mille formalités à la française, les souliers arrivent à Toulon... deux semaines après le départ des troupes pour le Tonkin! etc., etc.

Et l'administration militaire!

Il faut venir en France pour voir tout un corps d'armée campé sur une plaine aride, brûlée du soleil, sans ombrage, sans eau et notoirement malsaine, comme celle du Pas-des-Lanciers. Les ambulances, après quelques jours, regorgent de monde, les hôpitaux des villes voisines se remplissent de victimes, la presse s'indigne. Vous croyez que l'on va licencier le camp du jour au lendemain ? Ce serait trop simple. Il faut d'abord faire une enquête, et pour cela nommer une commission, une sous-commission, des présidents, des vices-présidents, des secrétaires, des médecins experts, etc.

Nommer des commissions et faire des enquêtes, voilà un divertissement que les Français affectionnent dès leur bas âge. Tous les goûts sont dans la nature.

Le rapport de la commission est expédié au ministère de la Guerre, suivant la procédure usitée en pareil cas. Au ministère, on le fourre dans un carton sans plus s'en inquiéter. Les journées s'écoulent et la fièvre décime les troupes. L'opinion publique s'émeut. On se décide à sortir du carton les paperasses de l'enquête, et tant bien que mal, elle parviennent par la voie hiérarchique jusqu'au ministre de la Guerre. Celui-ci ordonne une nouvelle enquête. On nomme alors une nouvelle commission, etc. Enfin, quand sur cette plaine pestilentielle, personne n'est en état de tenir un fusil, que tout le monde est au lit, l'ordre bien régulier arrive par la voie hiérarchique de licencier les troupes. Croiriez-vous que leur commandant en chef n'est pas encore destitué et ne le sera pas!

Une pauvre victime de la civilisation du Tonkin, amputée d'une jambe, malade, n'en pouvant plus, est renvoyée à Marseille. L'infortuné débarque et veut regagner ses pénates.

Cela eût été beaucoup trop simple, et en France on aime les complications. N'a-t-il pas fallu que le misérable éclopé, appartenant à l'armée d'Afrique, retournât à Alger y chercher sa feuille de route ! [1]

On parle des mauvais traitements dont les soldats allemands sont victimes de la part de leurs officiers !.. Et l'incident de Vannes, et celui du Mans, et celui de Carcassonne, et en Algérie !

Les officiers distingués manquent.

Ces officiers ne savent ni l'allemand, ni l'anglais.

« Pendant la guerre de 1870, j'ai été frappé de lire « dans les journaux allemands, trois semaines avant « Sedan, que la tactique de l'état-major prussien « était d'attirer Mac-Mahon dans les Ardennes, pour « le rejeter sur la frontière belge et le faire pri- « sonnier avec toute son armée. Voilà ce qui s'im- « primait en Allemagne, trois semaines à l'avance, « et les journalistes allemands se félicitaient chaque « jour davantage de voir l'armée française donner « dans le piège qu'on lui tendait.

« L'état-major français avait-il connaissance de « cette tactique de de Moltke? Lisait-il les journaux « allemands? Je voudrais le croire et penser qu'il y « a eu des raisons spéciales pour pousser notre ar- « mée à Sedan, et faire ainsi le jeu des Prussiens. « Mais j'ai bien peur que les journaux allemands « n'aient été une lettre-morte pour la plupart de nos « officiers. »

Thierry Mieg.

L'Intendance retarde d'un siècle sur celle de Napoléon Ier.

[1] Tous les exemples précités sont historiques.

L'armée française trouve le moyen d'être la plus dispendieuse du monde, et nous craignons que les Français n'en aient pas pour leur argent.

Quatorze ans après la guerre, savez-vous ce que l'on discute au Parlement? Des questions telles que l'organisation même du service militaire, la loi du recrutement, de l'avancement, de l'armée coloniale! et ce que l'on décide est le plus souvent une sottise. Il est vrai que la Chambre s'en soucie comme de tout ce qui touche aux grands intérêts du pays, c'est-à-dire point du tout.

« Séance de recrutement, séance absolument « calme. L'organisation de notre armée?... Peuh! « Qu'est-ce que cela? Y a-t-il là de quoi intéresser « nos modernes législateurs? Nenni, point! La mise « en accusation du cabinet Ferry, à la bonne heure, « voilà un débat utile et profitable... Discute-t-on une « loi d'affaires? Personne n'est là. 150 députés sont « en séance, et encore n'écoutent-ils pas les ora- « teurs spéciaux qui ont le courage de parler devant « des banquettes vides. »

(*Petit Marseillais*, 7 juin 1885.)

Grâce au service obligatoire de trois ans, les futurs grands hommes de la France: artistes, financiers, administrateurs, vont récurer les casseroles et nettoyer les fosses d'aisances pendant les plus belles années de leur jeunesse. Voilà encore une manifestation de cet esprit borné qui, voulant l'égalité à tout prix, obtiendra la médiocrité générale.

Pour introduire dans l'armée des réformes sérieuses, cherchez un fonctionnaire exerçant plus d'autorité qu'un simple ministre de la Guerre, à la merci de tel ou tel député, de tel ou tel sous-officier en retraite qui siège à la Chambre, ministre qui dépend de la tournure de telle ou telle question politique, et dont le sort est étroitement lié à celui des Postes et Télégraphes, des Beaux-Arts, des Cultes, de l'Instruction publique, etc.

« Les ministres de la Guerre ne peuvent même pas « durer ce que dure le reste du cabinet. Ils passent « comme des ombres, laissant derrière eux le souve- « nir de contradictions étonnantes, d'hésitations dé- « plorables et de projets qu'ils n'ont pas su accom- « plir. La loi fondamentale sur laquelle l'armée re- « pose est remise en question depuis quatre années ; « contestée, combattue, condamnée, sophistiquée « dans l'exécution, sans que personne puisse prévoir « si elle sera et comment elle sera changée. Croit- « on que cette incertitude soit un bon régime moral « pour l'armée, et même pour la nation ? Un minis- « tre ne devrait entreprendre une réforme militaire « que s'il est sûr de la faire réussir à bref délai ; par « malheur, au lieu de résoudre les questions qu'ils « ont posées, nos ministres de la Guerre sont tous « dévorés par elles, comme par un sphinx. La poli- « tique pèse lourdement sur eux. Ce n'est, hélas ! un « secret pour personne, qu'elle a pénétré profondé- « ment dans l'armée, et qu'un trop grand nombre de « nos officiers, démoralisés ou, si l'on veut, instruits « par l'expérience, soucieux par dessus tout de leur « avancement, recherchent parfois sans discrétion « les influences qui pourront le hâter. »

Ce passage est extrait d'une série d'articles très

remarqués que publièrent les *Débats* au mois de février dernier. Un d'eux fut cité à la tribune du Sénat et fit sensation. L'auteur exprime l'espoir que le général Lewal introduira dans l'armée des réformes durables. Où est-il Lewal, aujourd'hui ?...

Comment voulez-vous que l'armée résiste à la démoralisation générale, quand elle suit les débats de la Commission du Tonkin, par exemple, et entend les commentaires auxquels donne lieu la conduite de ses officiers supérieurs, dans la presse, le Parlement et le public ?

Quand les journaux et les députés, suivant leur nuance politique, prennent fait et cause pour tel général contre un autre !

Quand chacun, tant officiers que fonctionnaires de toute catégorie et de tout grade, se sent à la merci de tel député, de tel journal, sans que ses chefs aient l'énergie ou l'autorité nécessaire pour le protéger !

Chacun tremble, chacun songe à sa position et aux moyens de la conserver, avant de songer à ses devoirs.

Les perpétuels changements de cabinets exercent, bien entendu, la même influence salutaire sur la marine, le commerce, l'instruction publique, etc., [1] mais ce sont avant tout les relations extérieures de la France qui en profitent.

Quels rapports entretenir avec un gouvernement qui demain se verra supplanté par ses adversaires,

[1] Combien, par exemple, les mutations de préfets et sous-préfets sont favorables à la bonne administration des départements !

un gouvernement dont on se plait à décrire la chute le jour même où il prend le pouvoir, un gouvernement sans prestige comme sans autorité, tous les jours insulté par la Chambre, la presse, la moitié de la France, dont le ministre des Affaires étrangères, sans cesse interpellé, épluché par le premier venu, tombera dès que son collègue aux Postes et Télégraphes aura cessé de plaire.

Ce serait manquer de dignité et de prudence que de se commettre avec un tel cabinet, lui communiquer ses vues et négocier avec ses ministres, qui demain rentreront dans la foule, d'où ils sortaient hier, pour prendre place sur les bancs de l'opposition. Les ambassadeurs étrangers assistent impassibles à ce défilé de nouveaux visages.

L'obscur ingénieur, l'obscur médecin que l'on extrait de son banc pour l'installer pendant quelques jours au quai d'Orsay, doit se sentir un bien petit garçon quand il reçoit des prince de Hohenlohe, des lord Lyons, des Cialdini ? Connait-il seulement les représentants de la France à l'étranger ? Sait-il où en sont les questions pendantes et les incidents diplomatiques, qui ont précédé son entrée en fonctions ? Pourrait-il dire quelle est la politique étrangère de la France, sur quels principes elle repose ?

Voyez un peu l'esprit de suite, la logique qu'on peut retrouver dans les relations extérieures de ce pays, étant donnée la série d'inconnus qui se chassent les uns les autres du ministère ! Ministres dont aucun homme d'Etat ne connait la liste exacte !

Qu'est-elle devenue, cette vieille diplomatie française, des Talleyrand, des Guizot, des Thiers ? Où les ministres d'aujourd'hui ont-ils fait leur apprentissage de chargés d'affaires, de consuls, d'ambassadeurs ? Où ont-ils appris la diplomatie ? Les uns à l'Ecole polytechnique, les autres à l'Ecole de droit, qui dans un laboratoire, qui chez un notaire, qui à l'Ecole de médecine. Connaissent-ils seulement la carte d'Europe et son histoire ? Mais les ambassadeurs eux-mêmes ignorent les principes de la langue parlée dans les pays où ils sont accrédités. M. Gladstone aurait pu comploter la ruine de la France en présence de M. Challemel-Lacour, sans que ce dernier comprît s'il s'agissait de pluie ou de beau temps. Enfin, M. Waddington, de parents anglais, élevé au collège de Harrow, comprend ce que l'on dit autour de lui. Quel trésor pour la France que cet homme qui parle anglais ?

« Certes, je ne veux pas médire de notre diplomatie, « mais je me figure que l'habileté de nos hommes « d'Etat et de nos diplomates serait singulièrement « accrue s'ils connaissaient toujours la langue des « pays où ils nous représentent. Mais nous sommes « souvent si naïfs dans notre ignorance ! Je me sou- « viens, qu'il y a quelques années, je rencontrai dans « un hôtel de Munich deux inspecteurs de l'Univer- « sité de France, chargés d'une mission en Allema- « gne. L'un d'eux, ne pouvant s'expliquer avec le « sommelier, lui dit : Appelez-moi donc le garçon qui « parle français, puis il ajouta : « Comprend-on qu'à « Munich tous les garçons d'hôtel ne sachent pas le « français ? » Pour moi, je fis silencieusement une

« autre réflexion : « Comprend-on que deux hauts « fonctionnaires de l'instruction publique ne sachent « pas l'allemand, et s'étonnent qu'en Allemagne il y « ait des gens du peuple ne parlant qu'une langue ? » « Car, quant aux professeurs allemands, ils savent « tous le français. »

(Thierry Mieg.)

Une allocution du sultan, du khédive, d'un ministre de l'Italie, fait autrement sensation que le discours d'un de ces ministres français, ex-députés, esclaves d'une Chambre dévergondée, qui n'a pas deux idées politiques dans la tête, ignore ce qu'elle veut, où elle va.

« Quelle politique poursuivre dans ces conditions ! « Quelle entreprise de longue haleine devient possi- « ble ? Quel souci lointain et prévoyant des grands « intérêts du pays ? — Quelles relations diploma- « tiques avec des cabinets qui ont besoin pour négo- « cier de savoir que les partis, dans leurs jeux éter- « nels et anti-patriotiques, ne déferont pas le lende- « main l'œuvre de la veille ? »

(*Temps*, 20 décembre 1885.)

Voilà quelque dix années que les relations de la France avec les peuples voisins vont se refroidissant tous les jours, tandis que le centre de la pression politique se déplace constamment vers l'est. C'est qu'aux bataillons de ministres français des Affaires étrangères, nous avons opposé l'immuable Bismark.

Depuis 1870, se sont succédé au quai d'Orsay MM. de Gramont, de Rémusat, de Broglie, Decazes, Waddington, Freycinet, St-Hilaire, Gambetta, Duclerc, Fallières, Jules Ferry, Freycinet.

Nous devons en oublier et des meilleurs.

Quand on traite avec l'Allemagne, on sait à qui on parle ; mais où en seraient les Etats qui auraient fait des avances aux de Broglie, Decazes, Fallières, etc. ? Citez-nous les amis de la France ! Qu'avez-vous fait de l'Italie, de l'Espagne, de l'Autriche, de la Russie, toutes sympathiques après la guerre ?

Le peuple français, célèbre par son tact et son esprit, n'a rien épargné pour chasser dans le camp de l'ennemi les nations auxquelles il n'était qu'indifférent.

Vous savez les liens qui nous unissent aujourd'hui à l'Autriche. L'Italie, qu'a profondément blessée l'expédition de Tunisie, n'a pas oublié Nice et la Savoie. On se rappelle à quelle occasion le peuple le plus spirituel et le plus hospitalier du monde a insulté en plein Paris le roi d'Espagne et son peuple.

L'empereur de Russie a été suffisamment traîné dans la boue par cette classe d'intéressants patriotes qu'on appelle les radicaux français. Il ne traverserait pas la France impunément et n'aura garde de l'essayer. Ce n'est pas en souscrivant à un revolver d'honneur pour Bérézowski, et en le nommant président de réunions publiques, que le peuple de Paris s'est assuré les sympathies du czar.

En Suisse, il y a quelques années, l'annexion de la Savoie avait inquiété l'opinion publique, inquiétude justifiée du reste par la désinvolture avec laquelle le gouvernement impérial tranchait à son profit la question de la neutralité du nord de la Savoie. Aussi, à la déclaration de guerre de 1870, devant les menaces plus ou moins transparentes d'une partie de la presse française, on n'était pas très rassuré à Genève, et ce fut avec un véritable sentiment de soulagement que les Genevois apprirent les premiers succès des armes allemandes. Ils étaient sauvés.

Du reste, il semble qu'il est dans la tradition du gouvernement français de faire son possible pour s'aliéner les sympathies de ses voisins. Ainsi, vers la fin de la dernière guerre, le dictateur Gambetta, dans ses instructions au commandant de l'armée de l'Est, lui enjoignait de ne pas s'occuper de la neutralité suisse (quantité négligeable, comme dirait l'illustre Challemel), si le passage en armes sur ce *territoire ami* lui facilitait son grand mouvement tournant sur la base d'opérations des armées allemandes. Hélas ! l'armée de l'Est, tenue en échec par une poignée d'hommes, fut heureuse de s'abriter derrière cette neutralité tant méprisée.

M. Gambetta n'est plus là pour certifier la vérité de ce que j'avance, mais M. de Freycinet, qui a connu ses ordres, ne pourra me démentir.

L'année passée le gouvernement français s'est donné encore la douce jouissance de froisser ses bons voisins suisses en faisant exécuter quelques manœuvres militaires sur le territoire neutralisé du nord de la Savoie. Il a profité aussi de l'occasion pour charger un de ses ressortissants, M. Baron, de publier une brochure qui devait mettre à néant tous les prétendus droits de la Suisse. Malheureusement, cette brochure n'eut pas un grand succès. Comme de juste, le ministère n'avait fourni à l'écrivain que des documents incomplets ou tronqués. Sans doute, M. Ferry, en agissant ainsi, croyait faire une communication aux Chambres françaises.

A mon avis, certains magistrats genevois qui s'en vont banqueter, pérorer, fraterniser avec leurs voisins de l'autre côté du Jura, devraient avoir un peu plus de mémoire. Ils devraient aussi se rappeler qu'ils font partie d'un peuple libre plusieurs siècles avant l'invention des immortels principes de 1789.

Le *Courrier des Etats-Unis* écrit :

« Il est souvent question de l'amitié indissoluble « qui unit les deux grandes républiques sœurs. « Néanmoins, il n'y a pas au monde de presse plus « hostile à la France que la presse de l'Union améri- « caine. »

En voici deux échantillons récents peu édifiants :

Le premier est tiré du *Commercial* de Cincinnati :

« La France, dit ce journal, n'a jamais pu établir, « encore moins conserver une colonie. Au siècle « dernier, l'Angleterre l'a ignominieusement chassée « de toutes les parties du globe où elle avait pris « pied. Aujourd'hui, voyez l'Algérie! Voyez la Co- « chinchine! L'influence de la France n'a jamais été « et ne sera jamais une influence civilisatrice. La « France tient ses colonies à la pointe de la baïonnette, « parce que le caractère français et les institutions « françaises répugnent partout aux indigènes. Aujour- « d'hui, que la France a une armée de sept cent mille « hommes, elle voudrait bien attaquer l'Allemagne, « mais elle n'ose pas et se dédommage lâchement en « faisant la guerre à des nations faibles, comme à

« Tunis, à Madagascar et en Chine. Toutes les fois « qu'elle s'attaque à une nation de sa taille, elle « trouve un Waterloo ou un Sedan.»

Ce langage est dépassé par celui de l'*Inquirer*. Lisez :

« La France est la plus vaine et la moins respec- « table des nations de l'Europe. Toutes ses vicissi- « tudes viennent de ses mœurs licencieuses et de « son manque de respect pour les liens de famille. « Pour le bien du monde entier, on a souvent dis- « cuté sérieusement la question de savoir s'il ne « conviendrait pas de l'effacer du nombre des na- « tions. L'Allemagne l'a affaiblie quelque peu, mais « pas suffisamment. Maintenant, elle fait chaque an- « née des simagrées à propos de Metz et de Stras- « bourg, et, en même temps, dans d'autres parties « du monde, elle vole à des millions d'hommes une « indépendance à laquelle ceux-ci ont des droits « respectables. En 1814, les Alliés voulaient démem- « brer la France en donnant les provinces du nord à « la Belgique, celles du sud à l'Espagne et à l'Italie, « celles de l'est à l'Allemagne, mais Wellington s'op- « posa à l'exécution de ce plan.»

L'isolement de la France est dû avant tout à l'indécision de sa politique et à l'écœurement que provoquent un peu partout les gamineries de son Parlement. Un journaliste français écrivait :

« Si demain l'on apprenait que l'empereur Guil- « laume a résolu de remettre tour à tour la conduite « de sa politique extérieure à un numismate, à un « ingénieur, à un helléniste, à un Démosthène de « club, à un professeur de littérature, à un avocat,

« nous pourrions dormir tranquilles ; nous serions « sûrs que l'Allemagne ne prendrait pas dans le rè- « glement des affaires européennes une prépondé- « rance dangereuse. Malheureusement, les autres « nations nous laissent le monopole de ces mé- « thodes. »

Aussi longtemps qu'un *capitaine de l'armée* présidera la *Commission d'agriculture*, un *linguiste académicien celle de l'armée*, qu'on mettra un médecin là où il faut un ecclésiastique[1] et surtout un incapable là où il faut un homme intelligent, l'Allemagne pourra dormir tranquille.

L'amitié de nos voisins, jadis si convoitée, a singulièrement perdu de sa valeur.

L'isolement de la France s'est produit comme si elle ne demandait que cela, avec le précieux concours de la nation, sa presse et son Parlement. Il ne reste plus qu'à mettre l'Allemagne de mauvaise humeur et elle finira par y réussir.

On se rappelle, entre autres, dans quelles circonstances cette héroïque population de Paris s'est emparée d'un drapeau allemand à l'Hôtel Continental en juillet dernier. La *Gazette Nationale* de Berlin écrivait à ce propos :

« Les nations étrangères doivent renoncer de plus « en plus à voir observer à Paris la convenance et « les devoirs internationaux. En Allemagne, on ju- « gera en somme avec dédain une démonstration « comme celle-là. Il est plus facile d'enlever un « drapeau allemand dans le couloir de l'Hôtel Conti- « nental qu'au milieu d'un bataillon allemand. »

[1] Langlois, Mézières, Paul Bert, etc., etc.

A la tête de son régiment de uhlans, le roi d'Espagne eût traversé Paris sans danger. Laissons aux Français ces victoires faciles, laissons-les insulter un jeune roi sans défense, s'emparer d'un missionnaire anglais sans défense, mettre en pièces un drapeau allemand gardé par un garçon de café. Ce n'est pas en 1870 qu'ils ont goûté le plaisir d'une telle capture. L'ambassadeur français en est quitte pour courber l'échine à Madrid, à Londres, à Berlin, et nous nous déclarons satisfaits. Aux Allemands, des victoires plus conformes au caractère national!

Nous gardions pour la bonne bouche la cordiale entente entre la France et l'Angleterre. C'est bien la chose la plus drôle que l'on puisse rêver.

L'Anglais, pratique avant tout, ne peut ni ne veut se brouiller avec son meilleur client commercial; mais comme aujourd'hui la France manque d'amis et de prestige, l'Angleterre fait sonner bien haut la faveur de sa *cordialité*. D'autre part, aucune nation n'insulte la France et ne s'en moque avec autant de désinvolture; aucune n'est aussi disposée à lui mettre des bâtons dans les roues, quand faire se peut; aucune ne se réjouit plus franchement de la décadence de son commerce et de son industrie, de ses humiliations sur le continent, de tout ce qui lui peut causer un préjudice.

Il est curieux de voir l'Angleterre, cette excellente amie, infliger périodiquement à la France, aux yeux de l'Europe qui se fait du bon sang, une humiliation telle que l'affaire Pritchard, l'affaire Shaw, etc. Qui aime bien châtie bien.

Il faut admirer les Anglais et leur aplomb. D'aucune nation l'Angleterre n'a soustrait autant de services que de la France : au Mexique, en Chine, en Crimée, etc. Or, qui donc a-t-elle aussi maltraité?

Sans parler des guerres continentales, où l'Anglais s'est toujours montré l'adversaire impitoyable de la France, il convient de citer l'annexion du Canada, de la Nouvelle-Orléans, des Antilles, des Indes, de l'Egypte. Toutes les bonnes colonies françaises ont été raflées avec un sans-gêne extraordinaire. Que maintenant la France essaie de grignoter un morceau de rebut qui ne tente personne, aussitôt un ouragan de menaces, de railleries sanglantes et d'insultes se déchaîne de l'autre côté de la Manche contre l'infortuné voisin. Si les journaux français auxquels de bonnes âmes ont bien voulu traduire des fragments d'articles et de discours anglais, s'avisent de regimber, nouvelle bordée d'indignation.

« Comment! ils nous insultent! nous, la seule « puissance d'Europe qui ne leur ait pas encore « tourné le dos. »[1]

Il faut avoir vécu à Londres pour se faire une idée du mépris que l'Anglais professe pour son voisin.

Aucun numéro de journal amusant ne paraît, qui ne s'attache à tourner la grande nation en ridicule.

Prenez le *Punch*, *Judie*, *Funny Folks*, etc. Quant aux grands journaux politiques, ils consacrent au moins un *leading* par semaine à la chasse aux Fran-

[1] *Standard*.

çais. Les quelques articles si remarqués de la *Norddeutsche Zeitung* sont aimables, comparés aux diatribes féroces du *Daily Telegraph*, *Standard*, *Morning Post*, etc.

Touchante amitié!

Au surplus, le jour commence à se faire dans l'esprit des Français les moins éclairés (c'est beaucoup dire). Dernièrement une brochure intitulée *Sus aux Anglais*, a fait sensation.

Aimez-vous les uns les autres, ô Français! sinon qui vous aimerait?

Que sert à nos voisins de s'indigner? Les airs hautains, les tons cassants, ne sont plus de saison.

Quand tout s'en va chez eux, prestige, argent, force morale, force vitale, le mieux est de faire contre fortune bon cœur et d'essayer, par une grande réserve et une conduite exemplaire, de ne pas donner prise aux humiliations.

Par malheur, le peuple le plus spirituel du monde tombe dans les moindres panneaux avec l'innocence d'un nouveau-né. Don Quichotte est encore bien vivant.

Pauvre Don Quichotte français, sa Dulcinée fut la perfide Albion, puis l'Italie, la Grèce aussi, et la Pologne, et la Belgique, et quelques autres. Quels sont les résultats pratiques de ces transports chevaleresques? Que de sang, que d'argent sottement gaspillés.

XI

Excellence théorique du gouvernement. — Ce que devient la liberté entre les mains des Français. — Liberté de parole, errements du suffrage universel, séances de la Chambre, finances, intolérance politique et religieuse, liberté de la presse. — Paris et la province. — Paris, c'est la France. — Centralisation à outrance. — La province écrémée au profit de Paris. — Souveraineté politique de Paris. — Le siège de Paris et la défense de la province. — Dédain du Parisien pour le provincial. — La province sans Paris. — Ressources comparées d'une ville allemande et d'une ville de la province française. — Paris, seul élément de comparaison. — Bourgeoisie de province, son ignorance des choses extérieures, ses idées étroites. — Quelques réponses de provinciaux. — Si Paris venait à disparaître !

A tout ce qui précède sur la question des finances, l'administration du pays, la politique extérieure, on pourra nous répondre :

« Quoi de plus beau que de voir un peuple se gou-
« verner lui-même ! désigner les plus dignes pour di-
« riger la chose publique ! quoi de plus logique que
« le règne absolu du suffrage universel ! la liberté
« absolue de la presse, de la parole, etc., etc. ! »

Nous admettons, comme tout le monde, l'excellence de ces principes. Malheureusement à ce gouvernement parfait, il faut des électeurs parfaits.

Le peuple suisse, instruit, travailleur, sérieux, supporte aisément la liberté à haute dose. Au peuple anglais, calme, tolérant, pratique, vous pouvez la donner largement. L'Allemagne a bien le gouvernement qu'il faut pour fonder l'unité d'une grande nation; cette œuvre une fois accomplie, on devra relâcher les rênes.

Mais quoi! vous avez assisté à des réunions publiques à Paris, Lyon, Marseille, à des séances de la Chambre et du Congrès, des conseils municipaux; vous en êtes revenus le cœur encore tout barbouillé par les insultes et les bêtises qui s'y débitent à jet continu, vous constatez les errements du suffrage universel, alors que des candidats sont élus, dont l'unique mérite est d'exciter leurs concitoyens à la guerre civile et d'avoir mis Paris à feu et à sang en présence de l'ennemi, que les électeurs de la grande ville prennent plaisir à opposer la médiocrité au talent, la violence à la modération, la vulgarité à la distinction, Barodet à Rémusat, Martin à Spuller, Maillard à Ranc; vous reconnaissez l'ignorance et le fanatisme des partis, et vous allez doter la France d'institutions plus libérales qu'aucun autre pays de l'Europe.

Mais vous avez donc juré la mort de cette pauvre nation! Voyez ce qu'ont produit ces institutions libérales depuis 1870! Que sont devenues les finances de la nation, administrées par la nation même? Qu'est devenu le prestige de la France, son agriculture, son industrie, son commerce, confiés à la nation elle-même?

On ne saurait donner la même dose de liberté à des enfants et à des jeunes gens, à des jeunes gens et à des hommes. Si vous octroyez des institutions trop libérales à un peuple léger et ignorant, comme produit, vous obtenez le radical français, dont l'intolérance, l'étroitesse d'esprit et le despotisme feraient bondir d'indignation le plus farouche tyran de l'antiquité.

Un seul exemple: Il faut venir dans le grand, le généreux, le libéral pays de France, pour voir expulser des hôpitaux les admirables sœurs de charité! Citez-nous un seul monarque capable de commettre un acte de despotisme aussi bête et aussi étroit!

La royale et protestante Angleterre donne l'hospitalité aux proscrits catholiques de la France républicaine et catholique!

Quand vous accordez la liberté de la presse à ce peuple qui n'a pas su la mériter, vous obtenez la presse de Paris, la plus triste au monde et la moins patriote, une presse d'insultes, de diffamations et d'ordures, d'excitations à la haine des citoyens les uns contre les autres.

De même, la liberté de réunion provoque ces orgies oratoires où religion, justice, conscience d'autrui, jusqu'à l'idée même de la patrie, tout est traîné dans la boue.

Considérez en outre combien il est dangereux d'accorder ces institutions à un peuple qui s'est livré corps et biens à une ville telle que Paris, pays sans équilibre, dont la tête énorme fait à chaque pas basculer le corps grêle.

En parlant de la situation du peuple français, rappelez-vous qu'il se compose de deux éléments, dont l'un actif, c'est Paris ; l'autre passif, inerte, c'est la province. Trop souvent on oublie le corps grêle pour ne voir que la tête apoplectique. L'étranger, l'Anglais surtout, juge la France d'après le boulevard, le Français d'après celui qui s'y promène.

Cela est inévitable, puisque la France n'est que le pays dont Paris est la capitale. C'est Paris qui reçoit les étrangers et fait les honneurs. En dehors de Paris, connaissez-vous dans toute la maison une seule chambre présentable ?

Grâce à un système de centralisation à outrance, la province ne produit rien qu'elle puisse conserver, ne voit rien, n'entend rien, n'est vue de personne, n'intéresse personne.

Ecrivains, inventeurs, orateurs, artistes, quiconque a dans la tête deux idées qui se tiennent debout est expédié à Paris, qui en fait la montre ; ainsi des primeurs et du poisson.

Les sept huitièmes des hommes distingués de France sortent peut-être de la province, mais tous se sont formés, ont débuté, se sont fait connaître à Paris. Consultez un dictionnaire de biographie.

La province ne peut fournir que la matière première; elle n'est pas en mesure de *dégrossir*, cela se fait à Paris.

A Paris le monopole des écoles, conférences, concerts, théâtres, musées, journaux, publications de toute espèce.

Voulez-vous apprendre la musique, la peinture, la sculpture, le droit, la médecine, les sciences exactes, quoi que ce soit enfin? allez à Paris, la province ne peut rien pour vous.

Les troupes de la province sont expédiées à Paris et paradent à Longchamp devant les étrangers, ce n'est pas avec des Parisiens qu'on fabrique des régiments.

Grâce à cette centralisation fatale, en moins de 24 heures, Paris met en demeure les maires des 37,000 communes de crier: Vive le roi! l'empereur! l'anarchie! suivant le caprice du moment. Les fils télégraphiques de la capitale aux chefs-lieux de département, puis d'arrondissement, puis de canton, puis aux communes, signifient au provincial la volonté de l'ouvrier bellevillois.

Vous parlez d'exagération! Veuillez relire votre histoire de la France contemporaine.

Le campagnard se désintéresse de la politique. De moins en moins, il trouve le courage de jeter son bulletin dans l'urne électorale.

Le sort du gouvernement dépend de l'humeur parisienne, et comme cette humeur dépend de la pluie et du beau temps, la politique de la France est le produit d'un vaste caléidoscope. M. de La Palice a découvert qu'il s'en dégageait deux conséquences: 1° le malaise chronique du commerce, 2° l'isolement politique de la France. Peu de villes en effet sont aussi peu qualifiées que Paris pour la politique d'une grande nation.

Quels sont les désastres de la France moderne dont Paris n'ait pas été la cause première?

Paris crie: « A Berlin! » et se cache derrière ses murailles. Le provincial à demi-nu, chaussé de car-

10

ton, décimé par le froid et la faim, sans officiers, sans armes dignes de ce nom, sans autre espoir que de débloquer la capitale, se fait massacrer en plaine par l'armée la plus formidable qui ait encore paru. Les pitoyables sorties de Paris sont moins dues à l'incapacité du général Trochu[1] qu'à sa défiance en des soldats plus enclins à diriger leurs baïonnettes contre la poitrine de leurs officiers que contre les casques à pointe, à brûler Paris que Berlin. La vanité et le fanatisme de la presse et de la population parisiennes enlèvent à la France les sympathies de l'Europe. Paris casse les verres, la France les paie. Le Parisien livre la capitale aux flammes et massacre ses concitoyens, la province vient éteindre les incendies et délivrer les prisonniers.

Autorité, initiative, opinion, la France a tout abdiqué entre les mains de son maître et seigneur, le Parisien. Elle obéit sans protester, paie quand il faut payer, se démembre quand un coup de tête parisien l'y condamne. Par contre, c'est Paris qui compose les chants du départ, qui, après la guerre, juge et condamne les généraux *traîtres à leur patrie*, publie des romances sur les provinces perdues, écrit des articles insultants sur les Etats voisins, poursuit de ses clameurs les souverains étrangers assez naïfs pour traverser la capitale, et prépare de nouvelles catastrophes.

Suggérez au Parisien qui s'en va changer le drapeau flottant sur l'Hôtel-de-Ville de consulter les 36,000,000 de provinciaux qui n'ont pas exprimé

[1] Encore un *traître*, celui-là!

leur avis, vous aurez devant vous le comble de l'ébahissement.

Au surplus, la reconnaissance ne l'étouffe pas. Tout ce qui n'est pas parisien est ridicule et bête. Il s'en moque presqu'autant que des Alsaciens avant 1870.

La république française, c'est l'empire parisien, avec quel despotisme!

C'est de Paris que vient le tapage, le vacarme de la politique française intérieure et extérieure, les manifestations, démonstrations, révolutions de toute nature. Si la galère de Paris sombrait tout à coup, à ces orages, à ce bagout infernal, à cette forfanterie insupportable, succéderait le silence de la mort.

La province c'est l'apathie, les ténèbres, le néant. La chute de Paris livrera la France à qui voudra bien la prendre.

Pour le bien discerner il faut avoir vécu dans la province. En Angleterre, Edimbourg, Dublin, Manchester, Liverpool et autres immenses cités se soucient fort peu de Londres. En Allemagne, à Hambourg, Leipzig, Dresde, Breslau, Francfort, Cologne, Munich, Stuttgard, vous trouvez toutes les ressources de la capitale, et l'on y pense fort peu à Berlin. En Italie, Milan, Florence, Gênes, Naples, Turin, Venise, etc., se passent admirablement de Rome. En France, tout homme d'une certaine activité intellectuelle se trouvera misérable hors de Paris.

Nous nous faisons fort de prouver que Stuttgard, par exemple, obscure ville de Souabe, dont peu de Français soupçonnent l'existence, a des théâtres plus remarquables, des concerts et des conférences supérieurs, de meilleures écoles, des professeurs et des artistes plus distingués que Lyon, Marseille, Bordeaux.

Inutile même de parler des villes plus importantes, comme Hambourg, Cologne, Francfort, Munich, Leipzig, Dresde, Breslau, etc. La petite ville de Stuttgard nous suffit.

Que reste-t-il à la province française, quand tout stimulant, toute énergie, tout talent a pris le train pour Paris? Il lui reste le billard, les cartes et les dominos.

En Allemagne, dans les moindres villes, tout petit bourgeois appartient à une demi-douzaine de sociétés, de *Vereine*, société de musique, de gymnastique, de lecture, de danse, de commerce, à un club d'échecs (les échecs sont aux Allemands ce que sont aux Français les dominos). De plus, chaque corporation forme une société particulière où les conférences et les exercices intellectuels sont nombreux. Au milieu de tout cela, on vit sans penser à Berlin, sans avoir besoin de ses journaux, quand on a sous la main le *Frankfurter Zeitung*, le *Kölnische Zeitung*, l'*Augsburger Abendzeitung*, etc.; sans regretter ses théâtres quand on a ceux de Stuttgard, Francfort, Darmstadt, Cologne, Dresde, Munich, etc., etc., etc.; sans désirer ses professeurs, quand en entend ceux des vingt-sept universités dispersées par l'Allemagne.

En un mot, les ressources actuelles du pays se trouvent réparties sur la contrée tout entière. Elles forment en France un bloc dont profitent quelques étrangers et ce qu'on appelle le « *tout Paris,* » soit (soyons large) 10,000 personnes. La province de 36,000,000 d'habitants dévore avidement tous les matins les journaux qui lui apportent les nouvelles de la capitale. Voilà sa pitance! Le tout de la France est un cercle dont la circonférence a 33 kilomètres 930 mètres.

Quelle scène de province pourrait vous donner le grand opéra dans les mêmes conditions que n'importe quelle grande ville provinciale de l'Allemagne? Est-ce Lyon? Est-ce Marseille? Est-ce Bordeaux? Allez faire une tournée dans ces villes et aussi à Nantes, Rouen, Lille, Toulouse, vous verrez où l'on en est.

Si, par suite de circonstances extraordinaires, le Français s'aventure au-delà des frontières, vous l'entendez tout comparer à Paris, même des petites villes de 10 à 15,000 âmes.

« Tiens, vous n'avez pas de boulevards comme à « Paris, pas de cafés comme à Paris, pas de beaux « magasins comme à Paris, pas de belles rues comme « à Paris! A Paris, nous avons ceci, cela. Avez-vous « été à Paris? »

L'Allemand qui voyage dans la province française n'a pas besoin de remonter jusqu'à la capitale pour trouver un terme de comparaison.

A Lyon, à Marseille, à Bordeaux, il dira:

« Tiens, vous n'avez pas de concerts, de confé- « rences, d'écoles, de musées, de journaux compa- « rables à ceux de Hambourg, Breslau, Brême, Mu- « nich, Dresde, Leipzig, Augsbourg, Cologne, Franc- « fort, Stuttgard, Kœnigsberg, etc.! »

Alors le Lyonnais, de répondre plein d'orgueil : « Non, mais allez à Paris. » Et s'il avait quelque bon sens, il ajouterait : « Qui nous donnerait des con- « certs ? les artistes qui chantent et jouent à peu près « juste sont partis pour Paris. Les savants qui sa- « vent quelque chose de particulier ont filé sur « Paris. Dès qu'un peintre attrape une ressemblance, « il prend le train pour Paris ; quand un journaliste « manie convenablement le calembour, l'insulte et « la pornographie, il fait de même. Moi-même, si « j'avais la moindre lueur de talent, je ne serais pas « ici. »

Cette centralisation est fatale au développement d'un pays.

Dans les moindres villages d'Allemagne, vous rencontrez à chaque pas des gens qui ont vécu à l'étranger, des gens qui ont à l'étranger des parents ou des amis, par lesquels ils sont tenus plus ou moins au courant de la vie extérieure. En France, dans les villages et même dans les villes de province, combien en compterez-vous qui auront traversé la frontière ?

Que sait le bourgeois de Guéret ? Que fait-il ? A quoi pense-t-il ? Si le bourgeois de Guéret a une idée, ce doit être qu'il appartient à la plus grande nation du monde. Chez lui, comme chez tous ses concitoyens, c'est un principe premier de la raison ; mais on a beau appartenir à la première nation du globe, quand on n'a rien d'autre dans sa besace, lorsque depuis des siècles on a vécu dans son trou, sans élargir ses idées et développer son intelligence, sans avoir rien vu du monde, il arrive que l'on est borné, et la bourgeoisie de la grande nation est étonnamment bornée.

Amis, que votre mauvais génie conduit dans une ville de province française, emportez des livres, ils seront votre seule distraction. Quand un habitant de Guéret a fait un voyage de 50 lieues, on se le répète jusqu'à la troisième génération. Notre hôtelier de Guéret nous parlait constamment de son expédition à Blois; pour lui, Blois était le centre de notre système planétaire.

Comme Tartarin de Tarascon, qui avait *failli* partir pour Shang-haï, tout bourgeois de la province qui *faillit* partir pour l'Amérique devient un grand personnage.

Vous représentez-vous un jeune homme de Guéret parlant d'aller faire son apprentissage en Angleterre ou en Allemagne ? « Malheureux lui dirait sa mère, « es-tu las de la vie ? Les Allemands vont te fusiller. « Pour aller à Londres, il faut traverser la mer ; et « puis ces sauvages-là ne parlent pas français ! Au- « rais-tu des chagrins d'amour ? »

Nous avons entendu à Londres un ouvrier français dire à de bonnes âmes qui voulaient le rapatrier : « Vous savez que je ne puis supporter la mer, faites- « moi passer par la Hollande. »

La province ne compte pas un seul journal dont les articles se lisent à Paris ou à l'étranger. Elle se nourrit de ce que le Parisien lui envoie à lire. Triste pitance ! Que serait le bourgeois de Guéret s'il n'avait la chance d'appartenir à la première nation du globe ? Voyez-vous ce malheureux allant fonder des colonies ? Mais son éducation le lui défend. Non-seulement ses idées sur la géographie, l'administration, les ressources, l'histoire de son pays, sont bornées à un point qui dépasse toute imagination, mais au-delà des limites de la France, il n'y a rien pour lui que ténèbres et néant. Cette éducation l'habitue à penser qu'il est le centre du monde, que tous les yeux sont fixés sur son pays ; cette conviction l'empêche de porter les siens au-delà de la frontière, et pour émigrer il faut une énergie bien différente de son apathie !

Voici quelques fleurs cueillies au hasard pendant notre voyage :

A Angoulême, sur six personnes de la petite bourgeoisie que nous interrogeâmes, cinq cherchèrent San-Francisco tout autour du globe; parmi elles quatre ignoraient que tel fût le nom d'une ville. Ajoutons que toutes se trouvèrent fort en peine de trouver la France sur la mappemonde.

A Aurillac, sur sept bourgeois interrogés, appartenant au commerce et aux bureaux administratifs, aucun ne put nous définir les fonctions du président de la république et l'étendue de ses pouvoirs. Les réponses étaient des plus extraordinaires.

« Mais enfin, quelle différence y a-t-il entre M. Grévy « et Napoléon III ? »

« C'est que Napoléon III pouvait tout faire, « M. Grévy doit demander la permission à la Cham- « bre. »

« Mais Napoléon III aussi avait une Chambre ? Il « ne la consultait donc pas ? »

Silence complet. Nous nous arrêtâmes, craignant d'embrouiller davantage les idées de ces pauvres gens.

Voilà donc ce que l'on sait en politique, dans un pays où on ne fait que de la politique, où on en fourre partout, où on ne parle que de cela ! [1]

Sur dix personnes interrogées, aucune n'avait la moindre idée, mais pas la moindre, du montant approximatif de la dette française, leur dette !

« Mais enfin, est-ce dix milliards, est-ce cinquante « milliards, est-ce cent milliards ? »

Entre ces chiffres leur cœur balançait. Au surplus, ces gens se figurent-ils ce qu'est un milliard ? Sur vingt personnes que vous rencontrez dans une rue de Guéret, une à peine sera en état de vous décomposer ce milliard en millions, en billets de mille francs, en napoléons.

Pauvre pays, qui ignore jusqu'au chiffre de ses dettes ; elles se voient pourtant sans microscope !

Pendant les premiers jours de notre voyage, alors que nous étions encore naïf, il nous arrivait d'interroger les indigènes sur des choses étrangères à leur pays. Autant aurait valu leur demander la généalogie des empereurs de la Chine.

[1] Aux dernières élections, on a constaté avec stupeur qu'une bonne partie des électeurs n'avaient pas compris la théorie du scrutin de liste, et, entr'autres bévues, avaient répété sur leur bulletin le nom du candidat cher à leur cœur, autant de fois qu'il y avait de députés à élire dans le département (!!).

XII

Maxime du peuple. — Stérilité volontaire. — Comment on s'en excuse. — Mariages pauvres. — Comment on juge les familles nombreuses. — Décroissance de la population dans 31 départements. — Ses conséquences pour l'avenir du pays. — Vitalité comparée de la France et de l'Angleterre. — Pression exercée par les peuples voisins. Dépression au dedans. — Mortalité des nouveaux-nés, le manque de soins, les nourrices. — Rapport de la prospérité d'un pays avec l'accroissement de sa population. — Infiltration des étrangers en France. — Immoralité du peuple, étalage de la débauche, protestations de la presse. — Enfants illégitimes. — Vitalité de la débauche. — Statistique des enfants mort-nés. — La débauche et la famille. — Immoralité de la presse. — Le véritable sport national en France.

Jusqu'ici, nous avons étudié la décadence du peuple français dans ses travaux, ses ressources, ses administrations, sa politique, son éducation. Nous avons constaté qu'en toutes choses, l'objet de la société française était d'obtenir la plus grosse somme de jouissance contre la plus petite somme possible d'efforts. Nous avons déjà signalé la misère morale de nos voisins, en parlant religion et libre-pensée;

nous allons examiner les conséquences les plus directes de cette démoralisation. Et d'abord, en voici une qui atteint la France dans les sources mêmes de son existence et va rendre impossible toute résistance contre la pression des peuples environnants. C'est la stérilité de la nation. Ce fléau, qui, à lui seul, justifie le mot de décadence, s'étend à toutes les classes.

A quoi bon rechercher au mal des causes savantes et compliquées? interrogez le paysan, l'ouvrier, le bourgeois, demandez-leur pourquoi ils réduisent de la sorte le nombre de leurs descendants; il vous sera répondu avec une grande bonne volonté, et une singulière franchise. Voici comment la race s'excuse de donner à la postérité une si chétive reproduction d'elle-même.

De tous, le paysan est le plus avare de son sang. Ses moyens ne lui permettent pas, dit-il, de se payer le luxe d'un ou de deux enfants supplémentaires. Il faudrait plus tard diviser la petite propriété. Si ce sont des filles, pas de maris; les garçons coûtent cher; il faut leur donner de l'éducation; puis vient le service militaire et tout cela.... Ceux que nous avons déjà nous causent bien assez de souci. Nous devons être prudents. Ah! si nous avions des moyens, ce serait autre chose.

Non, s'ils avaient des moyens, ils ne feraient pas un enfant de plus. La seule mention d'une famille de six enfants (c'est un phénomène en France), fait sourire tout le monde, depuis la plus basse jusqu'à la plus haute classe de la société. Nous avons entendu le sujet discuté par plusieurs personnes extrêmement riches. La stérilité volontaire fut toujours traitée de conduite prudente et raisonnable.

Un jeune homme, le fils d'un ingénieur bien connu, ayant exprimé le regret d'être fils unique (il avait perdu ses frères ainés), nous avons entendu sa mère lui répondre : « Ne le regrette pas tant, si tes « frères avaient vécu, tu ne serais pas venu au « monde. » Ce jeune homme doit hériter de 30 à 40 mille francs de rentes ; il épousera une jeune héritière et contribuera, suivant les mêmes principes, au développement de son pays, occupant une position honorifique dans les administrations de l'Etat, sinécure grassement payée par les pauvres gens. L'amour des enfants passe en France après l'amour du bien-être.

Dans une famille nombreuse, il lui eût fallu montrer de l'énergie, mettre son intelligence et son instruction au service de l'agriculture, de l'industrie ou de la science. C'est par crainte des *tracas*, des *ennuis*, de la *gêne*, que les gens de la classe aisée redoutent d'augmenter le nombre de leurs enfants, ces articles de luxe. Ils se débarrassent de ceux qu'ils ont dès que faire se peut. Tout jeunes, les garçons sont dépêchés dans un internat quelconque, souvent même les filles. Puis en développant la famille, il faudrait peut-être restreindre le train de la maison. Madame ne pourrait plus se faire habiller chez Worth, etc. Quant aux ouvriers, aux petits employés, tous gens dépourvus de rentes, que de fois ne leur fait-on pas un crime du mariage ! « Mais c'est inouï ! c'est incroyable! Comment ! M. X, avec 2,500 francs de traitement, épouse Mlle Z, qui ne lui apporte rien !

Mais c'est vouloir se mettre la corde au cou! C'est de la folie! »

« On est à se demander, nous disait une dame fort « riche, pourquoi des ouvriers gagnant 5 fr. par « jour, vont se marier et vous faire quatre à cinq en- « fants! Je n'ai aucune compassion pour ces gens-là! « Il faut cependant être *raisonnable*. Mes deux enfants « m'ont donné assez d'embarras. Dieu seul le sait. »

Les parents quelque peu féconds s'exposent à devenir l'objet de mille plaisanteries. Si le fardeau de la famille les accable, il ne doivent s'attendre à aucune pitié. Comment n'avoir pas su proportionner sa progéniture à ses ressources? Avec vos 5,000 fr. de revenu, vous vous payez six enfants! Vous êtes puni par où vous avez péché. Soyez plus prudent une autre fois.

Zola, dans *Germinal*, nous représente la femme d'un pauvre mineur qui comparait avec son enfant, devant des millionnaires, auteurs d'une fille unique :

« Vous n'avez que celui-là, demande Mme Grégoire « pour rompre le silence.

« Oh! Madame, j'en ai sept.

« M. Grégoire, qui s'était remis à lire son journal, « eut un sursaut indigné :

« Sept enfants, mais pourquoi? Bon Dieu!

« C'est imprudent, murmura la vieille dame.

« La Maheude eut un geste vague d'excuse. »

Cette petite scène est un admirable chef-d'œuvre d'observation.

Où donc la prudence du peuple le plus léger, où donc l'avarice du peuple le plus dissipateur vont-ils se loger? Dans la reproduction de la race!

C'est très bien d'aimer le confort et de détester les *ennuis*; malheureusement, le moment approche où les cinq fils pauvres de la famille allemande viendront facilement à bout du fils unique de la famille française.

Excellent peut-être pour chaque cas particulier (ce dont nous doutons fort), le raisonnement du Français, appliqué à une nation, est synonyme de décadence, d'invasion, de désastres, et surtout de mélange.

Vous ne voulez pas vous payer des enfants, supporter les ennuis de leur éducation; vous payerez ceux qui en font, qui ont besoin de place et d'argent, et viendront prendre chez vous ce qu'il ne trouvent plus chez eux. C'est sauvage, c'est monstrueux, c'est tout ce que vous voudrez; malheureusement c'est naturel, et la nature n'a pas fait l'Allemagne, la Belgique, l'Italie élastiques, avec la propriété de s'étendre à mesure que leur population s'épaissit. Quand une nation grossissante en coudoie une autre plus clair-semée, qui par suite forme un centre de dépression, il s'établit un *courant d'air*, vulgairement appelé *invasion*, phénomène pendant lequel le Code civil est mis de côté.

C'est aux nations clair-semées à se serrer les coudes.

De 1876 à 1881, trente-quatre départements ont perdu ensemble 179,383 habitants; la faible augmentation de la population chez les autres a profité aux villes pour les $^5/_7$ et provient, pour la plus grande partie, de l'émigration étrangère.

Le Dr Lagneau, dans son travail sur le *Dépeuple-*

ment de certains départements de la France, nous apprend, par exemple, que « les départements de la « Normandie et du bassin de la Garonne, dont la « mortalité excède la natalité, présentent cependant « une faible mortalité, mais la natalité est beaucoup « plus faible encore. Cette faible natalité est volon- « taire et ne tient nullement à l'insuffisance des sub- « sistances. De la plupart des départements dont la « population émigre, les habitants se portent vers « les grandes villes, où, par suite de mauvaises con- « ditions démographiques, d'une natalité faible, d'une « mortalité considérable, leur descendance s'éteint « souvent après peu de générations. »

Nous lisons dans l'*Economiste français* (27 janvier 1884) :

« Depuis le commencement du siècle, l'accroisse- « ment annuel moyen de la population a été de 38 « pour 10,000 habitants, et encore cet accroissement « est tombé à 26 pendant la dernière période décen- « nale. A ce compte, il faudrait 271 ans pour que « notre population fut doublée, tandis que plusieurs « autres pays de l'Europe, notamment l'Allemagne, « voient leur population doublée dans l'espace de 50 « ans. Les naissances étaient, en 1805, au nombre « de 920,000, et, fait digne de remarque, ce chiffre « est resté le même jusqu'en 1882, bien que la popu- « lation se soit accrue de près de 9 millions d'habi- « tants; d'où une première cause évidente de la di- « minution relative de la population... Enfin, tandis « que le nombre des naissances reste à peu près sta- « tionnaire, celui de la mortalité des enfants aug- « mente dans une proportion effrayante : il est de

« 27 % dans la Seine-Inférieure et de 26 % dans « l'Eure, tandis que le taux normal est de 15 %. »

En résumé, la population française s'est accrue pendant les dernières années dans la proportion suivante :

de 1821 à 1830 de 8,89 ‰ par an
de 1831 à 1840 de 5,07 ‰ »
de 1841 à 1850 de 4,49 ‰ »
de 1851 à 1860 de 2,59 ‰ »
de 1861 à 1866 de 1,82 ‰ »

Nous passons sous silence la période exceptionnelle qui comprend 1870 et 1871, et constatons en 1880 un accroissement de 1,80 ‰ par an. Ce taux a depuis constamment baissé. A raison de 1,80 ‰ par an, c'est en 433 ans seulement que la population doublerait. Voilà une statistique saisissante. Est-il besoin de commentaires ? Ce petit tableau doit nous remplir de confiance dans l'avenir de l'Allemagne. De tels chiffres nous permettent de tout espérer.

En 1820, l'Angleterre ne comptait que 16 millions d'habitants, et la France 32 millions. En 1885, la population des deux pays est égale ou peu s'en faut, malgré l'émigration anglaise, la plus considérable du monde !

Une seule chose croît, par contre, en France, c'est le nombre des enfants illégitimes et des enfants morts-nés, dont nous parlerons tout à l'heure.

Les enfants des ouvriers, de la petite bourgeoisie et parfois de la grande, meurent souvent en nourrice, faute de soins. Les mères nourrissent bien rarement elles-mêmes. C'est pénible, c'est ennuyeux, il faut pour cela une énergie que ne possèdent plus les Françaises. Aussi, les pauvres petits sont-ils dépêchés à la campagne, d'où ils ne reviennent souvent pas. Nous avons visité dans l'Isère, à Condrieux, une paysanne qui s'était chargée de cinq nourrissons. Le sien avait encore assez bonne mine, l'aspect des autres fendait le cœur. Nous avons l'idée que l'armée française en tirera un bien maigre parti. Il est difficile d'imaginer combien peu, dans ce pays, les mères de familles se soucient de leurs bébés. Quant aux filles-mères, elles les noient ou les étranglent le plus souvent possible, et s'entendent condamner, pour ce fait, à des peines dérisoires.

La mortalité des enfants illégitimes est au moins double de celle des enfants légitimes.

Un bébé est cependant un gibier rare chez nos voisins. La mortalité des enfants de 0 à 1 an a été, de 1876 à 1880, de 16,62 % par an. Les enfants font prime en France ; il faudrait leur donner de quoi manger, s'occuper d'eux, et ne pas s'efforcer de les tenir éloignés aussi longtemps que possible du foyer domestique, d'abord en nourrice, ensuite, dès l'âge de sept ans, internés dans une boite quelconque.

L'excédent des naissances sur les décès, qui était de 172,947 en 1874, décroit d'année en année.

En 1881, il n'est plus que de 78,974.

Le total des décès, de 781,506 en 1871, atteint 858,237 en 1880, et 858,784 en 1881.

Depuis 1871, Paris a perdu 150,000 âmes environ.

En 1810 Berlin en comptait 310,000
» 1861 » 528,000

En 1879 Berlin en comptait 1,000,000
» 1885 » 1,316,385

Ce qui repr.sente une augmentation de 16,9 % pour les cinq dernières années.

Aucune capitale d'Europe ne peut se vanter d'un pareil accroissement depuis un quart de siècle.

D'après le nouveau recensement, on compte en Allemagne 25 villes de plus de 100,000 âmes, savoir : Berlin, Kœnigsberg, Dantzig, Breslau, Stettin, Magdebourg, Altona, Hanovre, Francfort-sur-Main, Hambourg, Brême, Dresde, Leipzig, Chemnitz, Strasbourg, Cologne, Elberfeld, Barmen, Aix-la-Chapelle, Dusseldorf, Munich, Nuremberg, Stuttgard, Dortmund et Crefeld. Il y a trente ans, quatre villes seulement, Berlin, Hambourg, Breslau et Munich, avaient une population de plus de 100,000 habitants ; puis venaient Cologne et Dresde, qui approchaient de près de ce chiffre.

Le résultat préalable du recensement du 1er décembre dernier donne pour la ville de Mulhouse 69,620 habitants au lieu de 63,629 en 1880. L'accroissement est donc de 9,42 % contre 8,81 % dans la période 1875-1880. Strasbourg compte aujourd'hui 112,091 âmes pour 104,471 en 1880, et Metz 54,716 habitants contre 53,661 à la même date.

Sa force, son influence, sa prospérité croissante, l'Allemagne la doit aux familles nombreuses et pauvres, forcées d'aller à l'étranger ouvrir au commerce de la mère patrie de nouveaux débouchés.

Quand on voit le peuple anglais remplir le monde de ses enfants et toujours épaissir dans son île, quand on voit le peuple allemand, dont les émigrants se comptent chaque année par centaines de mille, doubler en 50 ans, quand on voit le peuple français, à ces masses d'émigrants anglais et allemands, en opposer tout juste 3,754 et tendre cependant plutôt à s'éclaircir qu'à se multiplier, on ne se demande pas longtemps de quel côté est la jeunesse, la virilité, l'énergie, de quel côté la vieillesse, la décrépitude, la démoralisation, et on doute que le sort réservé à la France soit riant et paisible.

C'est un naïf, cet Allemand qui se multiplie sans souci de l'avenir. Eh bien! c'est sa naïveté même qui va le lui donner, cet avenir.

Le nombre et la santé des enfants sont en raison directe de l'énergie et de la santé morale du peuple; on nous saura gré de ne pas insister sur l'immoralité française. C'est un lieu commun qui ne tente plus personne, surtout depuis qu'en France l'obscénité est descendue dans la rue, qu'elle frappe les yeux de tous, s'étale partout, s'impose à tous, à la devanture des libraires, sur les murailles, jusque sur le trottoir, où il faut lui céder le pas.

Le croirez-vous? Les Parisiens eux-mêmes se plaignent de ce que cet étalage devient par trop éhonté.

La presse a pris la chose en mains. Voici quelques exemples de protestations:

« Depuis quelque jours d'immondes affiches à ima-
« ges, s'étalant sur les murs de Paris pour annoncer
« une *Histoire scandaleuse des Papes* et une publica-
« tion de l'*Assommoir*, en feuilleton, offusquent les
« yeux des passants. Nous trouvons cette pornogra-

« phie des murailles intolérable, et nous la signalons « au préfet de police. »

(République française).

« On a fait une loi pour réprimer la diffusion des « écrits et des dessins obscènes. L'opinion publique « la réclamait. Le gouvernement, le parquet, le pré- « fet de police demandaient qu'on leur donnât le « moyen de nettoyer la voie publique de ces immon- « dices. Ils ont obtenu ce qu'ils demandaient. Le « balai dont ils avaient besoin, on le leur a fourni, « mais le coup de balai, on l'attend encore. Tout au « plus la pornographie a-t-elle un peu quitté le trot- « toir pour se réfugier dans les vitrines des librai- « ries. Elle est dans ses meubles et vit sans inquié- « tude. Les étalages de certains magasins provoquent « les regards des passants par des exhibitions savan- « tes. Les honnêtes femmes passent vite. Les « collégiens trop souvent s'arrêtent. Joignez à « cela certains livres obscènes, qui font scandale, « mettent un certain monde en rumeur et atteignent « dans l'espace de quelques jours un nombre d'édi- « tions invraisemblable, sans que la justice s'en « émeuve.

(Journal des Débats)

« Un gouvernement honnête aurait nettoyé nos « murs des ordures pornographiques, dont les moins « pudibonds s'indignent, et qui déshonorent une civi- « lisation. Nos maitres laissent l'affiche immonde « s'étaler sur les murailles, comme ils laissent d'igno- « bles manuels souiller impunément nos bibliothè- « ques scolaires. » *(Figaro.)*

« Est-ce donc une ville civilisée que celle où une « mère ne peut circuler avec ses filles, sans être for- « cée de leur dire à chaque pas : Baissez les yeux. » (*Le Citoyen*, 26 juillet 1885.) Etc., etc.

Dans certaines rues et certains passages de Paris, les habitants ont dû se réunir en syndicats pour disperser les processions de filles publiques. Le passage des Panoramas a donné l'exemple.

La police est impuissante à défendre les passants contre les insultes et les attaques des souteneurs.

En 1881, le nombre des naissances s'élevait à 937,057, dont 79,079 illégitimes.

En 1882, à 935,566, dont 71,305 illégitimes.

Que pensez-vous de cette proportion ?

Sans exagérer, on peut dire qu'une fraction importante de la population est créée et mise au monde par la débauche.

Cette vitalité du vice ne donne pas une brillante idée de la vitalité de la race elle-même. La pensée qu'elle irait en s'éteignant sans l'appoint de la débauche rend tout songeur.

Le nombre des enfants morts-nés augmente.

La statistique nous apprend qu'on se marie de moins en moins en France. C'est fort naturel. Il faut une certaine énergie pour entrer en ménage, se résigner aux tracas et aux privations qui vous y attendent! Il est bien plus simple de prendre une maîtresse, ou encore mieux de louer une fille publique à la course ou à l'heure, comme un fiacre. La même démoralisation qui fera craindre les enfants aux gens mariés, fera craindre le mariage aux célibataires. Ah ! si la femme doit apporter une certaine somme de jouissance sous forme de dot, alors on se marie, mais se marier pour le plaisir d'être marié, c'est bien naïf, bien anti-français.

La disparition graduelle de toute religion, d'un culte, d'une foi quelconque, rend en France les mœurs de plus en plus *faciles* — l'expression est adorable.

On ne se fait pas une idée, par exemple, de la *facilité de la conversation*, dans les meilleures familles de la bourgeoisie française.

Combien de fois avons-nous entendu un jeune homme parler librement de sa maîtresse devant sa mère et ses sœurs!

Les relations du monde et du demi-monde sont curieuses à observer. Au théâtre, au concert, aux ventes et aux bals de charité, aux courses, aux eaux, partout, l'honnête femme coudoie l'*horizontale*, non pas avec un sentiment de répulsion, mais avec une sorte de curiosité bienveillante; elle franchit bien souvent la frêle barrière des convenances qui les sépare. Rentrée chez elle, la femme du monde ne craindra pas de discuter en famille la toilette, les manières, les charmes de telle ou telle cocotte en renom. Au reste, vous voyez le nom des *momentanées* de grandes marque s'étaler sur les journaux mondains à côté des noms les plus respectables de la bourgeoisie et de la noblesse française. Ces journaux notent leurs moindres faits et gestes, leurs indispositions, leurs bonnes fortunes, donnent une description minutieuse des soupers et des bals demi-mondains, citent les invités et fêtent les *belles petites* avec une impudence incroyable.

« Où vont ces dames? Valtesse, à Ville-d'Avray;
« Léontine Godin, à Nanterre; Marie Magnier, à Boulogne-sur-Mer; Fanny Robert, à Saxon; Louison, « à Brives; Loulou, à Lesbor; Thérèse Bréval, à « Odessa, » et ainsi de suite pendant une demi-colonne.

Paragraphe suivant: « Nous avons le regret d'apprendre la mort de Mlle Marguerite-Rose Marion, « fille du sénateur de l'Isère. »

(*Gil Blas*, 21 juillet 1885).

La cocotte, voilà le seul sujet que traitent et reproduisent tous les journaux amusants.

Quelle différence y a-t-il souvent entre une grande dame et une grande demi-mondaine, entre une lionne pauvre et une vulgaire horizontale?

La décadence de la nation est en train de renverser les derniers murs mitoyens.

Le monde, le monde pschutt, le monde vlan, le monde select, le demi-monde, mêlent leurs eaux.

Si les jeunes Français et surtout les jeunes Françaises ne brillent ni par l'éducation du corps, ni par celle de l'esprit, de bonne heure du moins, soit par la lecture des journaux, des romans, soit par les pièces de théâtre et le spectacle de ce qui se passe autour d'eux, ils sont initiés à tous les vices et à toutes les misères de l'homme.

Un soir, à Paris, nous nous trouvions au théâtre avec une famille de Parisiens fort respectables. Le père, la mère, et deux jeunes filles de 15 à 16 ans.

Dans la pièce, l'héroïne dit à sa mère:

« Maman, est-ce que mon père me ressemblait?

« Je l'ignore, mon enfant, il était masqué. »

Les deux jeunes filles partirent d'un franc éclat de rire. Elles avaient compris! Que faut-il le plus admirer, la pièce, les parents ou les filles?

Après tout, une jeune personne qui lit le *Figaro* et un journal amusant *quelconque*, doit forcément apprendre tous les détails du métier de fille publique et de souteneur, avec les expressions techniques; connaître le nom des principales belles-petites, des principales maladies vénériennes et leur traitement avec ou sans mercure, avec ou sans injections. A cet effet, les articles et les annonces se complètent mutuellement.

Remarquez que nous ne faisons nulle mention des journaux de bas étage, des feuilles et romans pornographiques.

Du reste, une jeune fille n'a qu'à descendre dans la rue, voir ce qui s'y passe, s'arrêter à deux ou trois devantures de libraires ou de photographes, lire quelques affiches placardées sur les murs, aller au théâtre, elle connaîtra vite tous les rafinements du métier.

Paris, Lyon, Marseille, etc., sont des cours publics et gratuits de débauche.

Si, avec ses amis, le langage d'un jeune Français de bonne famille n'est pas de temps en temps égrillard, s'il hésite à relater çà et là des exploits et raffinements pornographiques, il est vite jugé: c'est un nigaud ou un imbécile, ou, qui pis est, un *piocheur!*

Aussi faut-il entendre la conversation des jeunes Français; ils en font une question d'honneur! C'est à qui se donnera l'air le plus blasé et contera ses bonnes fortunes. Ce sont là leurs titres de noblesse, comme chez nous les balafres au visage reçues dans les combats au sabre, comme chez les Anglais les prix de cricket, de natation, de gymnastique.

Ne parlons pas, s'il vous plait, des bas-fonds de la société, ni même du demi-monde. Les librairies regorgent d'ouvrages qui, à grand renfort de gravures, vous donneront tous les détails de leurs différentes opérations.

XIII

Littérature décolletée, réaliste, pornographique. — Morale des journaux amusants. — Des romans français et étrangers. — Pourriture littéraire. — Corruption de la langue. — Progrès de la langue verte. — Journaux politiques. — La discussion remplacée par l'insulte. — Quelques extraits édifiants. — Patriotisme du journaliste français. — La presse anglaise et la française. — Politesse française au Parlement, dans les conseils municipaux, les réunions publiques, les grandes administrations, entre particuliers. — Opinion d'un Français sur la politesse de son pays. — Le tic du coup de chapeau. — Instinct de révolte contre tout principe d'autorité. — Abaissement de la magistrature. — Représentations de gala à la cour d'assises. — La répression faiblit. — Attaques contre la police. — Retour à la loi de Lynch. — Sympathie pour les scélérats. — Jugements scandaleux. — Démoralisation de la haute société. — Les affaires véreuses. — Relâchement de la probité. — Le drapeau rouge et le drapeau tricolore.

Sceptiques et blasés, nos voisins ne peuvent guère digérer que des lectures fortement épicées. Après le roman décolleté, qui parut fade, on s'est réveillé à l'odeur des ouvrages réalistes, du « linge sale de Gervaise ; » on a savouré les crudités de Zola[1] et de

[1] Dont nous apprécions du reste le grand talent.

ses disciples ; ensuite est venue l'école pornographique. Les romans tout simplement *cochons*, tels que *Sarah Barnum*, *Marie Pigeonnier*, *Les deux Amis*, etc., etc., les feuilles immondes comme l'*Événement parisien*, ont encore réussi à exciter et à échauffer. La voix de ce gamin retentit à nos oreilles, qui, en plein midi, criait sur les boulevards, un paquet de journaux sous le bras : « Achetez ce qui s'est, jusqu'ici, publié de plus *cochon!* »

Comment résister à de semblables invitations?

Au théâtre, les pièces obscènes ne se comptent plus.

Un fait digne de remarque et qui souvent attire l'attention des étrangers: un Français est rarement spirituel sans être égrillard. La seule préoccupation de l'auteur ambitieux est souvent d'être sale, très sale, plus sale que ses devanciers, de présenter la saleté sous l'aspect le plus original. Il a raison. Le succès du livre est proportionnel au quantum de saletés imprimées. Jeunes romanciers, pas d'études stériles! Pas de temps perdu! Apprenez l'art d'écrire des saletés et de vous en faire dix mille livres de rente!

En Angleterre, tous les journaux amusants: *Punch*, *Fun*, *Moonshine*, *Scraps*, *Funny Folks*, etc., tous, sans exception, peuvent être mis, les yeux fermés, entre les mains d'une jeune fille. En Allemagne, les *Fliegende Blätter*, *Kladderadatsch*, etc., sont d'une propreté irréprochable. En France, montrez-nous un seul numéro du *Journal amusant* que l'on puisse lire à haute voix dans une famille respectable; autant vaudrait se mettre en quête du dahlia bleu.

Les articles en sont bêtes, malpropres, ou bien immoraux; il n'y a pas à en sortir.

Vous laisserez une bibliothèque de romans anglais ou allemands ouverte à deux battants. Walter Scott, Dickens, Thackeray, Braddon, Lytton, Currer Bell, Lever, etc.; en Allemagne, Wieland, Hauff, Freytag, Marlitt, etc., avaient un objectif autre que celui d'écrire de petites saletés. Nos voisins ont dû se résoudre à donner en lecture aux jeunes filles et aux jeunes femmes des romans traduits de l'anglais.

Voulez-vous faire une expérience concluante? Prenez la liste des ouvrages en vente dans une gare de chemin de fer en France, n'importe laquelle. Faites de même en Angleterre et en Allemagne, et comparez. Voyons, franchement, chez qui se trouve la propreté et la santé? chez qui la démoralisation?

Un journaliste bien connu, l'ancien ministre Richard, disait récemment: «Pour acheter aujourd'hui « le livre à la mode, il faut rabattre son chapeau et « remonter son collet comme si on entrait dans un « mauvais lieu. »

Se faire condamner pour outrages aux mœurs est l'ambition de bien des auteurs parisiens. C'est la réputation, la fortune. Mais aussi combien cela est difficile! Que de raffinements pornographiques suppose pareille distinction en France.

« Lisez les gazettes, les revues, les suppléments « périodiques aux encyclopédies et aux dictionnaires « de toute l'Europe, et particulièrement de l'Allemagne, vous serez édifié de ce qu'on y dit de notre « relèvement, dont on note pour premier symptôme

« l'abaissement intellectuel et moral par la pourri-
« ture littéraire *(litterarische Verkommenheit.)* »
(Henri Houssaye.)

Lisez-vous parfois les *nouvelles à la main* des journaux amusants? Quels lamentables efforts de l'esprit gaulois! Quand on pense que le Parisien se tord de rire en lisant ces entrefilets et que le provincial se roule par terre, on doit avouer que le peuple *le plus spirituel du monde* ne donne pas une brillante opinion des autres.

Au surplus, tout cela est peut-être très fort, on sait que nous ne comprenons pas la plaisanterie.

La littérature française présente des symptômes de décadence non équivoques.

La langue perd tous les jours de sa pureté ; les bons écrivains eux-mêmes ne peuvent résister à la tendance générale d'employer des expressions triviales, incorrectes, empruntées à l'argot, sans même se payer le luxe d'un astérisque.

Tel est l'abus des expressions violentes, qu'elles ont perdu toute énergie et cèdent la place à des termes plus ou moins heureux de la *langue verte.*

« Longfellow, le poète américain, disait à quel-
« qu'un, un soir : « C'est étonnant, je ne puis plus
« guère lire couramment le français nouveau que
« dans les livres de Renan ! » *(Illustration.)*

La langue de la décadence est en pleine formation. A part deux ou trois journaux comme le *Temps*, les *Débats*, la *République française*, qui expriment encore des idées modérées en style correct, la presse, en général, a remplacé le raisonnement par l'insulte pure et simple, le français par du chinois.

Un article de fond est une enfilade de gros mots qui ne prouvent rien. Cette habitude de tout insulter, de toujours insulter, d'insulter à propos de tout, est devenue une seconde nature chez la nation la plus polie du monde.

Au Sénat, à la Chambre, dans les assemblées municipales, les réunions publiques, partout l'insulte a mis la discussion à la porte.

En France, un adversaire est nécessairement *infâme*, une opinion différente de la vôtre, *inepte* ou *ridicule.*

Tous les jours la moitié de la presse dit pis que pendre du gouvernement, de la Constitution et de tous les Français qui ne partagent pas absolument sa manière de voir. L'autre moitié réplique par une avalanche d'insultes contre la première, et les feuilles de nuances indécises tapent dans le tas, injuriant à tort et à travers. Admettons que tous ces journaux disent la vérité: il n'y a pas un Français qui ne soit un misérable, pas une loi qui ne soit monstrueuse, pas une institution qu'il ne soit urgent de renverser.

C'est grâce aux déchirements politiques, aux haines de parti, que, malgré l'orgueil insensé de ce peuple, nous apprenons de sa bouche combien rapidement la décomposition s'étend au sein de la grande nation.

La presse de Paris a puissamment contribué à l'isolement de la France, et, à l'intérieur, au déchaînement des passions politiques.

Nous ne pouvons résister à la tentation de citer ici quelques extraits d'un organe bien connu d'un *membre du Parlement:*

« Avec la chimie, il n'y a plus de minorité! Les « apôtres des revendications du peuple sauront bien, « grâce à la dynamite, vaincre la bourgeoisie, mal- « gré sa puissance, sa police et ses troupes. »

Autre passage du même crû:

«... La propriété, c'est le vol. Il faudra tôt ou tard « appliquer aux propriétaires la célèbre formule des « insurgés de 1830-1848: Mort aux voleurs!... qu'on « forme le peloton!

« La guerre des classes est ouverte ; elle doit être « poursuivie sans trêve ni merci; c'est une guerre à « mort... Sus à la bourgeoisie.

« ... Voulez-vous que les pauvres vivent? alors « meurent les riches, les mauvais riches; que leur « tête en tombant salue l'égalité. Le meilleur des ri- « ches mérite cent fois la mort. »

D'autres fois c'est à la discipline militaire que la presse s'attaque:

« ... Ronge ton frein, conscrit! Mais quand la me- « sure sera comble, quand tu seras bien exaspéré, « évoque en toi le souvenir de cette radieuse mati- « née de mars où, sur l'immortelle butte, des lignards « du 88me, fraternisant avec le peuple, levèrent la « crosse en l'air, puis la remirent à l'épaule pour « ajuster Lecomte et Clément Thomas. Dans tout « supérieur insolent, brutal ou voleur, il y a l'étoffe « d'un Lecomte collé au mur, et en toi, petit cons- « crit, qui chantes pour t'étourdir, dont tout le monde « se moque et que chacun exploite, il y a l'étoffe « d'un soldat du 88me.

« ... Si tu comprends ton métier de soldat, nous « nous retrouverons un jour à la barricade et du « même côté. » *(Cri du Peuple.)*

Un journaliste français juge ainsi la presse de son pays :

« Qu'est devenu le journalisme ? Qu'a-t-il-fait ces « jours-ci ? La discussion est devenue, presque par- « tout, et même sous la plume de membres du Par- « lement, un simple concours d'injures, et ce n'est « plus au bal de l'Opéra que Goncourt aurait à cher- « cher aujourd'hui, pour *Henriette Maréchal*, la « tourbe pittoresque des masques qui *s'engueulent* ; il « faut dire vilainement les vilaines choses.

« Quand la littérature politique, qui *a été* admira- « ble chez nous, ne verse pas dans l'invective, elle « tourne à l'affiche. »

Mais ce qu'il y a de plus navrant, ce sont les explosions de joie qui saluent tous les malheurs de la patrie, crises, débâcles, défaites, échecs diplomatiques, tout ce qui peut gêner le parti au pouvoir.

Puissions-nous ne jamais connaître la liberté illimitée du journalisme, si nous devons en faire un semblable usage !

En Allemagne, nous avons tort de faire attention aux attaques de la presse française. Un seul article calme et froid du *Norddeutsche Zeitung*, du *Kölnische Zeitung*, etc., fait autrement sensation en Europe, que toutes les violences des feuilles gauloises pendant une année.

Prenez, en Angleterre, les journaux hostiles au gouvernement de Gladstone, tels que le *Standard*,

Morning Post, *Globe*, etc. S'ils s'avisaient de publier un seul des articles grossiers et violents qui remplissent les colonnes des journaux parisiens, ils pourraient fermer boutique. En un jour, ils auraient perdu l'estime et la confiance des conservateurs eux-mêmes.

Comparez l'*Echo*, le *Referee*, le *Daily Chronicle*, c'est-à-dire les journaux du peuple, à la pourriture littéraire que l'on sert chaque jour à l'ouvrier des grandes villes en France. C'est la dignité à côté de la grossièreté, le raisonnement à côté de l'insulte, la décence à côté de l'immoralité et de la pornographie, la santé à côté de la maladie et de la décadence.

Par curiosité, faites un extrait de toutes les inepties, vulgarités, malpropretés que publie en *un jour pris au hasard* la presse parisienne. Vous serez édifié une fois pour toutes.

Ce goût pour l'insulte et la grossièreté étonne chez cette nation polie. C'est que vous confondez toujours la France d'autrefois avec celle d'aujourd'hui. La politesse française s'en est allée rejoindre l'énergie française, la distinction française et autres qualités françaises. Il n'y a guère que les Français et les sauvages qui croient encore à la politesse française.

Enfin voyons, où la trouvez-vous, cette politesse renommée ?

A la Chambre des députés, le premier corps de l'État ?...... !

Dans l'assemblée qui administre la Ville-Lumière?

Cette question fait sourire. Tout le monde connait

la tenue et le langage de Messieurs les conseillers municipaux.

Dans les réunions de citoyens français?

C'est douteux; là, on passe de l'insulte aux hurlements, aux bourrades et aux voies de fait.

Est-ce chez les fonctionnaires de l'Etat, des grandes compagnies et sociétés particulières?

Les Français eux-mêmes proclament qu'ils sont hargneux et insupportables.

Est-ce dans le journalisme?

Nous venons de voir le contraire.

Combien facilement deux Français qui discutent en viennent aux gros mots!

Les Anglais sont fort surpris de la grossièreté avec laquelle on est traité à la douane, dans toutes les grandes administrations. Les Allemands y font peu attention. Quant aux Français eux-mêmes, ils ne cessent de s'en plaindre.

M. A. Rondelet, dans son chapitre sur la *Décadence de la politesse française*, l'attribue au défaut de l'éducation, au manque de vie de famille, à ce fait que les parents en France semblent toujours désireux d'éloigner leurs enfants le plus tôt et le plus longtemps possible. Ces enfants apprennent la politesse où ils peuvent, c'est-à-dire pas du tout. Ne cherchons pas midi à quatorze heure, En France, tout décline; pourquoi voudriez-vous que la politesse survécût à la décadence générale? Reste au Français la politesse du coup de chapeau. Elle ne va pas plus loin. La vraie politesse vient du cœur; le tic du coup de chapeau n'y est pour rien. Le gentleman anglais, de tous le plus parfait, n'en est pas affligé.

Plus grave que la décadence de la politesse, est la décadence de la morale publique. Presse, discussions du Parlement, des Conseils municipaux, réunions publiques, tout en France tend à dissoudre, à désagréger, à disjoindre. L'aspiration générale est à la désorganisation générale. Il semble y avoir un parti pris de renverser, ou tout au moins d'attaquer, tout ce qui représente un principe d'autorité, de ralliement quelconque, religieux, militaire ou civil.

Les persécutions religieuses, qui auraient allumé la guerre civile dans un pays moins indifférent ou moins démoralisé, les sorties violentes contre l'armée et surtout contre ses chefs, les fameuses réformes de la magistrature, ont porté au comble le désordre moral.

Peu à peu, la politique, la politique maudite s'est emparée des grandes institutions du pays comme une véritable gangrène, pour les réduire et les mutiler.

« En sapant la magistrature par la base, en livrant « les juges au mépris public, en laissant envahir le « prétoire de la cour d'assises par des filles ou des « gommeux, on est arrivé à transformer le Palais- « de-Justice en une sorte de théâtre où personne ne « prend plus rien au sérieux, » dit un journaliste français.

Des Français ont souvent comparé une séance de cour d'assises en France à une *première* au théâtre. Ceux qui ont assisté au jugement d'une cause célèbre quelconque comprendront toute la justesse de l'expression.

Me Duverdy écrit à la *Gazette des Tribunaux :*

« La honte était aujourd'hui au Palais-de-Justice.

« La décadence des mœurs s'y étalait sans pudeur. « Dès le matin, les galeries du Palais étaient envahies « par une horde de femmes qui avaient soigné leur « toilette comme pour assister à une représentation « théâtrale. Elles venaient comme à une partie de « plaisir. Les émotions d'un spectacle représenté « par des comédiens ne leur suffisent plus ; leurs « sens surexcités veulent des émotions vécues, sui- « vant l'expression barbare du langage moderne. Il « faut qu'elles puissent apercevoir sur le banc des « accusés un homme dont la tête est menacée de « tomber sous le glaive de la loi. C'est presque le « sang qu'elles veulent voir, comme les femmes ro- « maines qui assistaient au cirque aux combats de « gladiateurs. »

Le même spectacle s'observe aux exécutions capitales.

La recrudescence des crimes devient inquiétante.

« Certaine littérature, consacrée à célébrer les « exploits des voleurs et des assassins, enseigne le « crime par *intuition*.

« Mais si la carrière du crime est encombrée, c'est « que la répression semble devenir chaque jour plus « hésitante. La police est travaillée et intimidée par « une école qui, sous prétexte de franchises politi- « ques ou sociales, veut qu'on laisse les humains, « redevenus fauves, satisfaire sans gêne tous leurs « appétits. Ceux même qui n'acceptent pas ce prin- « cipe étrange, hésitent parfois à le dire. Avant-hier, au « Conseil municipal de Paris, 44 membres ne s'abs- « tenaient-ils pas devant un ordre du jour déclarant « *que le maintien de l'ordre dans la rue est la garantie*

« *des libertés publiques!* Ce n'est pas ici qu'il est be- « soin de rappeler quels dangers fait courir à la so- « ciété, à la République, le maintien à Paris de cette « immense armée de récidivistes, que tout un parti « défend contre la relégation, et couvre de son corps « pour des raisons qu'ils ne nous convient pas de « scruter. »

(*République française.*)

Me Duverdy écrit:

« On a toléré que le serment judiciaire fût mé- « prisé.

« On a supprimé le résumé du président.

« On a enlevé les fonctions du ministère public à « des hommes d'âge, d'expérience et d'autorité.

On a placé parfois, sur le siège des présidents, des « magistrats improvisés.

« Toutes les phases des instructions criminelles « sont livrées au jour le jour à la curiosité impatiente « du public, au point que les reporters sont, pour « ainsi dire, devenus les inspirateurs, sinon les col- « laborateurs quotidiens des juges d'instruction.

« Les audiences des cours d'assises ne sont plus « soumises à aucune règle, au point de vue de la te- « nue du public et des manifestations d'opinion.

« La police est quotidiennement insultée. Les pri- « sons elles-mêmes sont accessibles aux représen- « tants de la presse. Il y règne des privilèges suivant « le rang social des accusés.

« Ces réformes et ces abus, agissant en sens di- « vers, ont contribué à désorganiser profondément le « jugement des causes criminelles.

« Les mauvaises passions, toujours en éveil, en

« ont profité pour ne plus être arrêtées par rien, et « des crimes se commettent au Palais-de-Justice, à « l'endroit même où il y a quelques mois à peine, les « jurés, l'urne à la main, se pavanaient devant l'urne « d'un photographe.

« On ne tue plus sauf à être condamné ; on tue « parce qu'on est sûr de rester impuni. »

Ainsi parle un des maîtres du barreau parisien. Aussi combien en voit-on qui, fatigués des lenteurs de la procédure ou indignés de l'indulgence des tribunaux, prennent la justice entre leurs propres mains! On retourne tranquillement à la loi de Lynch.

La fameuse maxime : remplir les bons d'amour, et les méchants d'effroi, a été retournée. C'est la police que l'on traque, les scélérats que l'on ménage. On tire sur les chiens, on protège les fauves. Tandis que le Conseil municipal de Paris dénonce la police, la voue à l'exécration publique, que les journaux avancés entretiennent des espions pour *filer* les agents de la sûreté, qu'on assomme les sergents de ville au sortir des réunions publiques, tandis qu'on insulte et menace le préfet de police chaque fois qu'il prend le parti de l'ordre contre celui de la canaille, on sourit fraternellement aux bataillons de récidivistes qui, à Paris, continuent à disputer le haut du pavé aux honnêtes gens.

Quand, et dans quel état sera-t-elle votée, la fameuse loi contre les récidivistes ?

« La répression a paru aussi s'attiédir, et les ac« quittements ou les excessives atténuations de peines « prononcées par le jury ont enlevé aux gens qui

« vivent en marge de la société cette crainte salu-
« taire, commencement de la sagesse. En outre, des
« grâces ont été accordées à des condamnés dans le
« dossier desquels le public a cherché vainement un
« prétexte à indulgence. L'ensemble de ces circons-
« tances nous a mis dans une situation dont les fabri-
« cants de revolvers peuvent seuls envisager la con-
« tinuation sans inquiétude. Il serait peut-être temps
« d'aviser. »

(République Française.)

Il ne faut pas se le dissimuler, cette faiblesse dont les jurés font preuve par toute la France, acquittant ou condamnant à des peines dérisoires les assassins et les vitrioleuses, n'est pas un signe de l'adoucissement des mœurs (le nombre des crimes va sans cesse croissant), c'est un symptôme d'affaissement moral qui a gagné les plus hautes sphères de la société française. Les jugements scandaleux ne se comptent plus. Citons en un entre mille, pour montrer jusqu'où peut aller, chez un jury français, la paralysie du sens moral. Nous empruntons au *Petit Marseillais* le compte rendu suivant :

« On nous télégraphie de Nice, 29 juillet :

« *Affaire Gaziglia.* — Nous avons été les premiers
« à annoncer l'arrestation de cet employé infidèle
« qui a détourné la somme de 87,000 francs au pré-
« judice de la Caisse de crédit de Nice. Gaziglia était
« maire de Contes et conseiller d'arrondissement. Il
« était très connu à Nice et jouissait d'une certaine
« considération qui lui avait valu la confiance de ses

« chefs. Jamais ils ne l'auraient cru capable de com-
« mettre un pareil crime.

« Les détournements qui lui sont reprochés au-
« jourd'hui, et qui s'élèvent, ainsi que nous l'avons
« dit plus haut, à la somme de 87,000 francs, selon
« toute probabilité continueraient encore si, le 3
« mars dernier, une vérification plus sérieuse que
« les précédentes n'était venue, à l'improviste, révéler
« les agissements de Gaziglia et déterminer sa fuite.

« Arrêté en Italie, où il s'était réfugié, l'accusé n'a
« pas un seul instant cherché à nier sa culpabilité.

« Dans son interrogatoire, qui a été très long, Ga-
« ziglia *avoue encore*, mais il espérait, ajoutait-il être
« à même d'indemniser la Caisse de crédit.

« Dix-sept témoins étaient assignés dans cette af-
« faire. Nous regrettons de ne pouvoir donner le
« résumé de toutes ces dépositions, qui ont toutes
« leur portée. Celle de M. Sicard, directeur de cet
« établissement financier, a mis à jour, en outre, cer-
« tains autres abus de confiance dont la Caisse a pu
« être victime.

« Le verdict ayant été négatif, Gaziglia a été ac-
« quitté. »

Que d'hommes distingués, que de personnages en vue, compromis dans des entreprises *malheureuses*. Députés, sénateurs, magistrats, préfets, dont les noms sont sur toutes les lèvres ! Quel état moral nous révèle un scandale tel, par exemple, que la fête de Paris en faveur des victimes du choléra, et les tripotages auxquels elle donna lieu !

Le chemin à la prospérité par les affaires loyales et utiles paraît aujourd'hui trop long et trop ardu.

Les plus intelligents se jettent dans les aventures, la spéculation, le jeu, les entreprises de mauvaise foi. Tous les moyens sont bons pour attirer des bailleurs de fonds. On court sur le mur mitoyen qui sépare la légalité du crime prévu par la loi. Quel feu d'artifice d'entreprises véreuses depuis quelque temps, que de tripots, que de ruines !

Où est-il, le temps où le vol étoit puni de mort ?

XVI

Patriotisme et courage des Français. — Le drapeau rouge et le drapeau tricolore. — Qu'est-ce que le courage? — Les retraites en bon ordre. — Parallèle entre le soldat anglais et le soldat francais. — Discipline et courage. — Une revue à Longchamp. — Retour des troupes. — Du rôle insignifiant que joue la question militaire dans la décadence de la France. — Hypothèse d'une invasion française en Allemagne; ses conséquences. — Puissance d'absorption des deux races. — Comment, depuis 1870, Français et Prussiens ont employé leur temps. — Le type français. — Transfusion du sang étranger. — Position stratégique de la France. — Conclusion.

Si vous vous risquez à parler décadence à un de nos voisins, il répondra invariablement en célébrant le patriotisme et le courage de la grande nation.

Le patriotisme français est assez bruyant, assourdissant, pour qu'il soit défendu d'en douter ; il s'impose par le vacarme ; cependant nous le voyons déjà dominé par les haines politiques et sociales. Les incidents qui marquèrent l'enterrement de Jules Vallès, l'enterrement d'un communard à Levallois-Perret, et d'autres sont de bien mauvais augure.

« Le cri de : *Vive le drapeau rouge !* a fini par do-
« miner le vagissement de : *Vive la patrie !* » écrit à ce propos un journal français *(Cri du Peuple).*

Le mot est sinistre.

Un autre définit comme suit le patriotisme de la jeunesse parisienne : « Ils savent que Paris fut pris « par les Versaillais, mais ils ignorent que l'empe- « reur Guillaume s'en était emparé quelques mois « auparavant. »

« Voyez l'élan merveilleux de nos braves soldats « en Afrique, au Tonkin, à Madagascar ! et osez par- « ler de décadence ! »

Ces éternels airs de bravoure sur le courage du Français nous ont été chantés si souvent, que nous demandons grâce. Oui, certes, vous avez du courage, beaucoup de courage, mais citez-nous une nation européenne qui n'ait montré et ne soit prête à montrer beaucoup de courage. Allemands, Anglais, Russes, Polonais, Suisses, Turcs, Espagnols, etc., tous ces peuples sont *renommés* par leur *grand* courage militaire. Citez-nous *une seule* nation civilisée que son courage n'ait pas distinguée ! Si elle s'en vante, elle risque fort de ressembler au Français qui se vanterait d'appartenir à la Légion d'honneur.

Est-ce qu'en Crimée les Russes, les Français et les Anglais ne se sont pas *distingués* par leur courage ? En Italie, les Français et les Autrichiens ? A Sadowa, les Autrichiens et nous-mêmes ? En 1870, les Français et nous-mêmes ? En Turquie, les Russes, les Turcs, les Serbes, les Roumains, les Monténégrins, etc., etc. ?

Le courage, cette vertu, ou plutôt cette propriété

du corps, est aussi naturel à l'homme que la timidité est naturelle au lièvre.

De toutes les peuplades qui couvrent l'Afrique, l'Australie, la Polynésie, vous ferez par l'éducation des soldats hors ligne.

Les Français se pâment d'admiration quand une poignée des leurs met en fuite une armée de sauvages. Mais, chers amis, toutes les nations d'Europe qui se sont mêlées d'avoir des colonies en ont dû faire autant et en ont fait autant. Il n'a guère fallu d'hommes aux Espagnols et aux Portugais pour conquérir l'Amérique, aux Anglais pour conquérir le monde, aux Hollandais pour s'établir un peu partout; et notez bien que les armées de sauvages sont aussi courageuses que la petite troupe de leurs vainqueurs. Que leur manque-t-il donc, aux sauvages? *seulement* la discipline, la science et les armes.

Le courage militaire a si peu de rapport avec la grandeur d'un peuple, que, de toutes les nations d'Europe, les plus héroïques sont aujourd'hui tombées le plus bas: la Pologne et la Turquie.

Cela posé, nous nous faisons un plaisir d'accorder aux Français, comme *à tout le monde*, le courage militaire.

Et la Légion étrangère, ce composé de toutes les nations, que dans toutes les expéditions on lance en avant, qu'on désigne pour les postes les plus meurtriers, oserait-on leur refuser le courage ou même l'héroïsme, à ces soldats que ne stimulent ni l'idée de patrie, ni l'espoir de l'avancement?

En campagne, le Français est courageux par bataillon, plus courageux par régiment, plus courageux encore par division ; parce qu'on s'échauffe plus facilement en nombreuse compagnie, et qu'il a besoin d'être échauffé.

Après la défaite, quand l'enthousiasme a disparu, le sang quitte la tête; il est alors facilement démoralisé et rarement bon à quelque chose, soit dit sans vouloir mettre en doute les fameuses *retraites en bon ordre* dont, en 1870, le gouvernement de la défense nationale régalait les populations à défaut d'autre chose.

Lorsque l'on se replie, d'autres qualités plus rares que le courage deviennent nécessaires et c'est alors, par exemple, que le soldat anglais déploie ce sang-froid et cette ténacité qui rendront un régiment de casaques rouges éternellement supérieur à un nombre égal de pantalons rouges. Quant à nous, il y a longtemps que nous ne connaissons plus ce mouvement stratégique.

Le Français attaque donc mieux qu'il ne défend, et malheureusement l'avenir lui réserve, croyons-nous, un rôle singulièrement défensif.

Au surplus, le courage militaire est un facteur qui, chaque jour, perd son importance dans le gain des batailles. Quand des soldats affolés de courage se jetteront sur des troupes de courage moyen mais mieux disciplinées, mieux commandées, mieux exercées, et tirant plus juste, les premiers se feront tout simplement hâcher.

Un bon soldat est aujourd'hui un soldat qui marche bien, obéit bien, vise bien et ne tire pas à tout propos, toutes qualités peu françaises.

C'est dans l'armée que se constate le mieux le

manque d'éducation physique dont nous avons parlé plus haut.

Le 14 juillet 1881, nous assistâmes à la revue de Longchamp.

Une partie des troupes quitta Versailles de bon matin, fit halte sous bois, déjeûna à St-Cloud. Chaque homme avait reçu un bidon de vin et une ration supplémentaire d'eau-de-vie.

La revue se passa sans encombre. Sauf le bataillon de St-Cyr, qui donne l'idée exacte d'une troupe allemande, la ligne, comme d'habitude, ne sut pas défiler au pas et bien alignée. Le militaire français présente toujours un aspect débraillé dont on ne le débarrassera jamais. Ce n'est, du reste, pas tout à fait sa faute, puisqu'il est le soldat d'Europe le plus lourdement et le plus mal vêtu, quoique le plus coûteusement.

La cavalerie présentait l'aspect d'un troupeau de moutons en détresse; l'expression est d'un journal français. Disons-le, à son honneur, la presse reconnut tous ces défauts.

La revue une fois terminée, nous prenons le train à Suresnes et rentrons à Ville-d'Avray. A partir de 6 heures, les troupes casernées à Versailles commencent à traverser le village.

Jamais nous n'oublierons ce spectacle. Qu'on se figure une foule en uniforme, sans tenue, sans ordre, débraillée, harassée, n'en pouvant plus, l'air morne et désespéré.

Les corps compactes étaient suivis de voitures d'ambulance surchargées d'indisposés et d'éclopés. A la suite, se traînaient encore des hommes sans fusils et sans sacs, qui avaient tout confié aux caissons du régiment. A 8 heures du soir, le défilé des derniers traînards n'était pas encore terminé. Les villageois, à leurs portes, les appelaient, leur donnaient à boire, les encourageaient de leur mieux. On nous aurait dit: voilà des troupes qui se sont battues pendant toute la journée, sans boire ni manger; le soir, écrasées par le nombre, elles ont dû se replier en désordre! nous n'en aurions été nullement surpris.

A quoi se réduisaient leurs exploits, cependant? A une petite promenade militaire sans manœuvre, qui, pour un homme en bonne santé, doit être un simple jeu d'enfant.

Depuis on a supprimé *par humanité* la revue de Longchamp et on a eu raison, si les troupes ne sont pas en état de faire quelques kilomètres au soleil; il faut laisser ces exercices aux Anglais.

Mais alors on peut se demander ce que deviendraient en campagne de pareils soldats, battus, harcelés, vivant de privations (car avec l'Intendance française il est bien téméraire de compter sur le pain quotidien). Ils fondraient.

L'expérience a prouvé qu'en temps de guerre la maladie faisait plus de ravages dans les troupes françaises que dans aucune autre armée.

Traversez le détroit, allez voir manœuvrer des volontaires anglais, c'est-à-dire des commis de bureau et de magasin, qui font l'exercice deux fois par semaine. Voilà des gens qu'une promenade de Versailles à Longchamp et retour n'épouvanterait guère. C'est que les Anglais sont des hommes de race, des pur sang.

Au surplus, les questions de régiments et de manœuvres, que sont-elles dans cet immense sujet de la décadence française?

En France, quand on parle de l'antagonisme des deux pays, le gros public ne pense qu'au danger d'une nouvelle invasion. Tiens! l'Allemagne a formé dix nouveaux régiments de cavalerie, a modifié ses fusils et ses affûts. Vite! formons dix nouveaux régiments de cavalerie, modifions nos fusils et nos affûts.

Cela fait, on dort sur ses deux oreilles, ne considérant que le côté militaire de la question.

On n'entend pas les convois qui, toute la nuit, de tous côtés, de la Belgique, de l'Allemagne, de la Suisse, de l'Italie, amènent le sang de l'étranger, la concurrence étrangère, les produits, les idées de l'étranger.

Ce n'est pas un nouvel affût qui donnerait à la France le sang qui lui manque. Ce n'est pas un nouveau gilet de flanelle qui sauve un poitrinaire. Pour nos voisins, la question franco-allemande est purement militaire, le nom de l'Allemagne éveille chez eux une idée militaire, voire même celle d'une revanche militaire. Eh bien! réalisons cette chimère. Admettons un instant que les Français, conduits par un homme de génie, passent le Rhin, grâce aux bévues réitérées de nos officiers, et viennent signer la paix à Berlin. Qu'adviendra-t-il, à supposer qu'ils s'adjugent le Palatinat?

Défendront-ils aux Allemands de faire des enfants, tandis qu'eux-mêmes n'en font pas?

Ces défaites nous empêcheront-elles d'être un

peuple jeune, vigoureux, énergique, tandis que nos vainqueurs s'abandonnent à la décadence? Allez-vous supposer qu'au bout de quelque temps on entendra parler français dans le Palatinat, qu'on le verra se *franciser?* Où prendrait-on les Français qui viendraient s'établir en pays conquis? Cette invasion ressemblerait fort à la colonisation française en général. L'armée seule envahit, se déplace, sans jamais être suivie par un courant quelconque de population.

Tout pays conquis est une charge et un danger quand le vainqueur n'a pas la force de le *digérer*, de l'absorber, de lui passer son sang, ses idées, ses mœurs.

Une nation usée peut vaincre par hasard, elle n'absorbe jamais.

Le Palatinat français resterait allemand jusqu'au jugement dernier. La Champagne à l'Allemagne, sera allemande en moins d'un siècle.

On nous parlera de l'Alsace-Lorraine, d'abord allemande, puis française par la force des armes, et par la force des armes de nouveau allemande. Mais l'Alsace-Lorraine elle-même, après deux siècles de possession, n'avait pas été digérée par la France plus jeune et plus robuste qu'aujourd'hui! On ne lui avait rien donné de français, à ce peuple allemand par la langue, allemand par le physique, allemand par le tempérament, par le sang, et, avant la guerre, à quelles moqueries ces Allemands alsaciens n'étaient-ils pas l'objet de la part des Français! Leurs sympathies étaient et sont pour la France, direz-vous. C'est tout naturel et il serait *monstrueux* qu'il en fût autrement. Après deux siècles de cohabitation avec un peuple quelconque, ce n'est pas avec enthousiasme qu'on se voit enlevé par une nation voisine à laquelle on a résisté par les armes, qui, pour vaincre, a dû tuer et bombarder. Mais la nouvelle génération sera moins française de cœur et ses enfants seront aussi bons allemands que les autres ; sans devoir pour cela changer de langue, de physique, de tempérament, de sang en un mot.

Quiconque le nie, ne connait pas son histoire du monde et de la nature humaine.

Les Australiens sont australiens avant d'être anglais, les Américains sont américains et rien d'autre. Telle est l'essence du discours Hohenlohe, où le bon sens, même le bon sens naïf éclate à chaque ligne.

Mais après quatre siècles d'annexion, la ville de Berlin elle-même serait française de cœur; elle resterait allemande de race.

Ce n'est pas après quinze ans de possession que nous prétendons nous concilier les sympathies de l'Alsace. Ce n'est pas en quinze jours qu'on fait oublier à un mari la femme qu'il a perdue après vingt ans de mariage.

Et cependant les dernières élections générales ont déjà témoigné d'un profond revirement de l'opinion dans le pays annexé !

L'accroissement de la population de Metz, de Strasbourg, de Mulhouse, et l'élan du commerce en Alsace, ne démontrent pas que notre occupation ait été funeste aux intérêts du pays.

Vilaine statistique qui vient toujours jeter de l'eau froide sur les belles passions humaines !

Dans une bataille décisive, le fait de démasquer quelques batteries d'artillerie au bon moment peut donner la victoire et livrer le pays à l'ennemi; mais ce mouvement stratégique, ce hasard d'un combat aura-t-il quelque influence sur le moral, le tempérament, les forces vitales des deux nations? Il est très désagréable, pour un solide gaillard, d'être vingt fois renversé d'un habile croc-en-jambe par un pauvre diable maigre et phthisique, cela n'empêchera pas le solide gaillard d'assister, dans la suite, à l'enterrement de son vainqueur.

Une conquête française, à supposer que conquête il y ait, ne sera jamais que *théorique*. Il y aura, au pis aller, invasion momentanée de pantalons rouges, jamais absorption.

Mais pourquoi s'arrêter si longtemps à l'hypothèse d'une revanche.

Chaque année trouve notre unité plus étroite, notre position politique plus formidable, notre armée plus perfectionnée, plus parfait le cercle de fortifications dont nous avons borné la France, notre industrie, notre commerce plus développés, notre population de 2 % plus dense.

Chaque année, la France a fait un pas de plus dans l'isolement ; son commerce a été déclinant, ses finances s'épuisant; démembrée, appauvrie, elle doit payer les intérêts d'une dette accrue de plus de dix milliards. Son prestige, son argent, ses forces se gaspillent en expéditions lointaines et stériles.

En 1870, la France a perdu le Rhin en notre faveur, elle a perdu en notre faveur la plus riche et la plus compacte de ses provinces. Autant, avant la guerre, sa frontière était excellente, autant elle est mauvaise aujourd'hui.

La politique des races est impitoyable. La fertilité, les ressources de la France vont exciter des convoitises d'autant plus grandes, qu'à l'intérieur les forces de résistance iront s'affaiblissant.

Les infiltrations d'étrangers ont commencé depuis longtemps, comme les gouttes d'eau qui précèdent l'orage.

Un jour, attablés au café du Helder, nous regardions passer la foule.

A tout moment nous distinguions les traits et la démarche, si caractéristiques, d'un Anglais, d'un Allemand, d'un Italien, etc., et il n'est sot qui n'en puisse faire autant. Dans l'intervalle se succédaient des hommes de toutes les tailles, de toutes les coupes, avec tous les teints imaginables, tous les mentons, tous les nez, tous les yeux, toutes les décorations, toutes les allures, comment les classer? Nous voilà fort embarrassés, quand l'idée nous vint que nous étions en France et que ces gens devaient être la grande nation.

Depuis, nous avons souvent observé des physionomies françaises et nous nous sommes demandé: Qu'est-ce qu'un Français? Qu'est-ce qu'une Française? Quels traits distinguent cette race des autres?

Les enfants d'un Suédois et d'une Italienne, d'un Russe et d'une Espagnole ne feraient ni des Anglais, ni des Allemands, mais feront d'excellents Français.

Combien de sang gaulois, ou français, ou basque, ou breton, ou normand doit-il rester dans les veines de ce peuple qui ne cesse de se croiser et ne s'entretient aujourd'hui que de sang étranger !

Déjà commence un mélange semblable à celui qui des Latins fit les Italiens et des Francs les Français.

Consultez la biographie des sommités politiques, artistiques, scientifiques, littéraires de la France moderne, que d'éléments allemands, belges, suisses, italiens, anglais, dans ces grands hommes français !

Moins que tout autre, pauvre voisin, vous avez le droit d'être chauviniste ! Pourquoi tant mépriser les peuples qui vous nourrissent de leur sang ?

De tous côtés, les nations limitrophes dépassent la frontière. Les Belges dans le Nord et le Pas-de-Calais, les Allemands en Alsace-Lorraine, les Italiens sur tout le littoral de la Méditerranée, et un peu tout le monde s'établit dans les villes de l'intérieur.

Sur toutes les frontières, la race française a des tendances à se laisser envahir, absorber, assimiler ; nulle part elle n'entre, pour ainsi dire, dans le pays voisin.

On s'inquiète beaucoup, en Allemagne, de la question des colonies. Patience ! l'empire colonial de l'Europe ne va pas s'envoler ! C'est en Europe que se tient le grand marché des colonies, c'est là qu'on se les procure toutes faites. Ne nous pressons pas. Gardons notre argent et nos soldats en Allemagne ; c'est sur les champs de bataille du vieux continent que va se liquider cet empire colonial qui aura doublement coûté à nos voisins. Restons en Europe ; la décadence française a besoin de nous pour remplir les vides.

. . . .

A notre retour en Allemagne, nous discutions toutes ces choses avec un ingénieur des ponts et chaussées, notre compagnon de route depuis Paris.

Il descendit à Nancy et dit en nous quittant :

« Non, nous ne l'avons pas abandonnée, cette idée « de revanche ; elle viendra plus tôt que vous ne le « supposez ; la France est toujours la grande na- « tion ! »

Après tout ce que nous venions de voir, de lire et d'entendre, cette assertion nous parut si drôle que nous partîmes d'un franc éclat de rire.

Le phthisique se prend encore pour un athlète enrhumé !

Le Français n'a décidément rien appris, rien oublié. Il faut qu'il ait une bien triste opinion de lui-même pour mépriser de la sorte ceux qui l'ont battu si terriblement sur le champ de bataille, devant le tapis vert de la diplomatie, à l'école, dans les champs et dans l'atelier.

CONCLUSION

La première édition de ce livre a été l'objet d'attaques violentes de tous les côtés, des Français, des Suisses, des Allemands eux-mêmes.

Il y aurait mauvaise grâce à s'en formaliser ; entre nous, il le mérite bien un peu. Qui sème le vent récolte la tempête !

Je maintiens les faits et les chiffres énoncés ; il serait puéril de se révolter contre leur brutalité, deux et deux font quatre dans tous les pays du monde; mais, en ce qui concerne l'appréciation personnelle de ces faits et de ces chiffres, on peut me reprocher la virulence de mon style et des tendances trop pessimistes.

J'ai hâte de les expliquer, il ne me plait pas d'être traité de pamphlétaire hargneux, alors que j'ai conscience de n'être ni l'un ni l'autre.

Et d'abord, quel est mon but ?

Simplement de répéter, notez bien, de répéter les avertissements que prodiguent chaque jour au public français la presse française et les économistes français, et cela sans résultat.

Il est entendu que chaque journal bien pensant, chaque revue sérieuse, doit contenir un article de lamentations sur la crise industrielle et commerciale, la crise ministérielle, les déficits du budget, la vanité des expéditions lointaines, la dépopulation de la France, etc. On soupire, on bâille et on pense à autre chose.

Voyez, par exemple, le travail de M. Thierry-Mieg : *La France et la concurrence étrangère* ; ce livre de haute portée, où le bon sens et l'esprit d'observation se révèlent à chaque ligne, n'a eu qu'un faible retentissement. Pourquoi ? Parce que l'auteur est un Français, parlant à des concitoyens.

Nul n'est prophète en son pays. Mais un Allemand, un ennemi de la France (pour la grande majorité des Français, les deux termes sont synonymes), un Prussien, c'est autre chose, il mérite d'être écouté, épluché, réfuté, si faire se peut.

Il vous énonce, en termes un peu vifs, quelques vérités devenues banales tant elles ont été réitérées, il reproduit les chiffres qu'il a extrait de vos statistiques, il transcrit des pages entières qu'il emprunte à tous vos journaux ; il faut tendre l'oreille, c'est un Allemand qui parle. Et voilà comment des chiffres publiés vingt fois sans jamais attirer l'attention, empruntent une valeur toute particulière à la plume d'un Allemand.

Grâce aux violences qu'on me reproche si amèrement, grâce à cette sauce piquante indispensable, combien ai-je fait digérer de statistiques de Paul Leroy-Beaulieu, de Léon Say, du *Journal officiel!* Combien de tableaux comparatifs et autres documents qui, pour un homme du monde, n'offrent cependant rien d'appétissant.

C'est qu'en pareille matière la violence est le meilleur des apéritifs!

On a discuté mes chiffres, sans se donner la peine de les comparer et de les approfondir; on s'est révolté contre l'âpreté du style et des opinions émises, sans observer que les économistes français les plus sincères en disent tous les jours d'aussi roides sur la situation de la France; sans se douter qu'il m'a suffi de transcrire leurs lamentations et leurs prophéties.

Relisez les passages que j'emprunte à l'*Economiste français*, au livre de M. Mieg, au *Temps*, aux *Débats*, à la *République française*, etc. Il est matériellement impossible de présenter sous un jour plus sombre la situation générale d'un pays.

C'est très facile de répéter avec certains journaux que la violence n'ajoute rien à la force de mes arguments et que ce livre, plus modéré, eût gagné en valeur; c'est très facile, mais à cela il y a une toute petite objection: il n'aurait pas été lu.

M. Thierry-Mieg en sait quelque chose. On ne traite pas un diabétique avec du sucre, mais avec de la viande salée.

Pour un Allemand, vous prenez la chose française bien à cœur!

Certainement, et je ne cache pas que j'ai toujours appris avec un vif déplaisir la chute d'un ministère, le départ des troupes pour une nouvelle colonie, la création de nouveaux impôts, etc.

Après avoir presque toujours vécu en France, il est naturel que je m'intéresse encore à mes hôtes d'autrefois.

Je suis de ces Allemands qui souhaitent à la France la santé et la prospérité, comme un gage certain de la paix et de la prospérité européennes.

Je suis aussi un de ces Allemands qui pensent être intéressés au maintien de la puissance française. Effectivement, j'ai la conviction (peut-être illusoire) que le prince de Bismark, une fois débarrassé de tout souci de ce côté, pourrait bien mettre la main sur nos libertés ; n'ayant plus besoin de nos bras, il ne serait plus obligé de nous ménager.

Rien de plus dangereux pour tous, que cet état d'énervement et d'agitation qui s'est emparé de nos voisins. Je crains la dépression parce qu'elle est l'avant-coureur de la tempête. Je voudrais pour la France cette force qui assure le calme, la stabilité et la confiance dans l'avenir.

Nombre de Français vous entretiennent sans cesse de notre prochaine invasion. Cette idée fixe dégénère chez eux en manie.

Je ne suis pas le seul d'entre mes compatriotes qui déplore l'annexion de l'Alsace-Lorraine. Peut-être M. de Bismark lui-même est-il de ce nombre. L'Alsace ne nous a donné ni un port, ni un fleuve, ni une montagne, ni même un débouché commercial, c'est un pays d'exportation et non d'importation, mais son annexion était réclamée, comme un témoignage palpable de leurs victoires, par ces divers peuples allemands qui, pour la première fois, marchaient sous le même drapeau.

Une nouvelle annexion, qui étendrait la ligne de nos frontières en France, si heureusement limitées par des pays neutres, et engloberait des peuples qui n'ont d'allemand ni le langage, ni le tempérament, ni le sang, serait une faute si lourde que jamais pareille idée ne germera dans une cervelle de diplomate allemand.

Cela posé, je m'afflige en constatant l'ignorance des Français pour tout ce qui concerne les pays voisins : leurs progrès à pas de géant, l'accroissement, non-seulement de leur industrie, de leur commerce, de leurs ressources, mais encore et surtout de leur *masse*.

Je déplore la publication périodique de ces mauvais livres où l'on flatte l'amour-propre national en ridiculisant les petits travers des peuples limitrophes, alors qu'on devrait pousser un cri d'alarme en voyant monter toujours cette marée vivante.

Je déplore l'incurie des Français qui, s'ils reconnaissent parfois leurs fautes, ne savent pas en mesurer les conséquences.

Pour ne citer qu'un exemple, quand je constate qu'au taux actuel, la population allemande se quadruple en 90 ans, et qu'un vieillard, en mourant, laisse derrière lui *quatre* représentants de sa race, il me fait peine d'entendre un journaliste français me répliquer :

« Que voulez-vous, excellent Dr Rommel, vous nous « reprochez de ne pas avoir d'enfants ; et qu'en est-« il besoin de tant ?

« Vous nous ordonnez de procréer en plus grand « nombre ; pourquoi faire ? Sous l'Empire nous « n'étions pas organisés, mais aujourd'hui nous avons « presque autant de soldats que l'Allemagne, et nous « en aurons peut-être besoin d'un moins grand « nombre : »

Ici, relation d'un brillant fait d'armes de 6,000 Français contre 40,000 Allemands.

Qu'elle est déplorable, cette étroitesse d'esprit qui, dans cette lutte de deux races, ne peut voir qu'une misérable question militaire d'affûts, d'équipement et d'intendance !

Combien il voit de plus loin cet autre Français qui, traitant le même sujet, écrit :

« L'invasion des étrangers, à laquelle nous assis-« tons, se produit d'une manière lente ; c'est une « sorte d'infiltration insensible, une assimilation ato-« mique qui doit amener incontestablement une alté-« ration profonde de ce qu'on est convenu d'appeler « l'esprit national. Le « sang français » subit ainsi « un mélange dans lequel il tend sans cesse à cons-« tituer la mineure partie. Que devient alors le « pa-« triotisme, » qui est normalement la résultante des « mœurs, des habitudes et des aptitudes physiolo-« giques d'un peuple ?

« Le redoutable *struggle for life*, la lutte pour l'exis-« tence, se produit avec modération, selon les lois

« de Darwin, d'individu à individu, mais elle devient « féroce et sans pitié entre nations ; la plus forte se « substitue à la plus faible avec des formes plus ou « moins policées, suivant les progrès de la civili- « sation.

« L'histoire nous montre, d'une part, ces grandes « irruptions périodiques de barbares, à l'étroit dans « leurs frontières stériles et glacées, attirés par la « beauté et la fertilité des provinces méridionales. « C'est le premier mode d'invasion, qui procède bru- « talement « par le nombre et par la force. » D'autre « part, nous voyons les empires de Babylone, de « Perse, de Rome, se *dissocier* lentement sous l'in- « fluence de l'action dissolvante des peuples voisins « plus prolifiques, moins corrompus, et disparaître « enfin totalement. C'est le mode « par infiltration, » « qui procède insensiblement mais conduit toujours « au même résultat. La France, en 1870-71, a subi « la première manière, elle est en train de ressentir « les effets de la seconde.

« Cette *fonte*, en quelque sorte providentielle, des « peuples paraît dériver d'une vaste sélection natu- « relle à laquelle ils obéissent inconsciemment « lorsque leurs vertus civiques se relâchent. Est-elle « un bien au point de vue de la régénération de l'es- « pèce humaine ? C'est possible, mais elle est incon- « testablement fâcheuse à celui, plus important pour « nous, de « l'individualité » de la nation, laquelle « doit tout tenter pour s'y soustraire.

« *Væ victis !* »

C'est ainsi que je termine, prenant, suivant mon principe, mes citations dans les auteurs français.

Dr ROMMEL.

P. S. — La présente édition renferme de nouveaux documents.

Imprimerie B. Soullier
GENÈVE
Rue de la Cité, 19

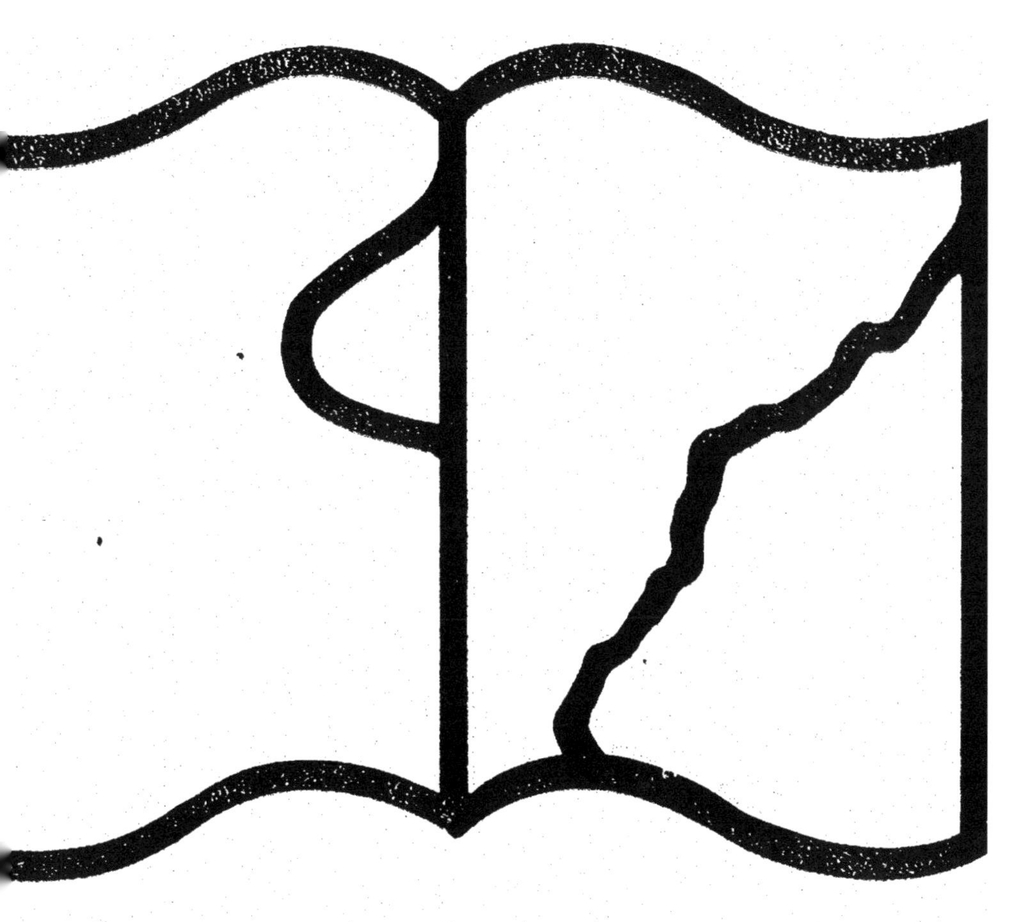

Texte détérioré — reliure défectueuse

NF Z 43-120-11

Contraste insuffisant

NF Z 43-120-14

www.ingramcontent.com/pod-product-compliance
Ingram Content Group UK Ltd.
Pitfield, Milton Keynes, MK11 3LW, UK
UKHW012016240726
13965UKWH00002B/403